고고학을 위한 고인골조사연구법

• 지은이

타니하타 미호 _ 谷畑美帆, Tanihata Miho

메이지대학교 문학부 사학지리학과 고고학전공 졸업
도쿄예술대학교 대학원 미술연구과 문화재과학전공 석 · 박사과정 졸업(학술박사)
메이지대학교 문학부 겸임강사 및 대학원 GP연구추진원
(현재) 일본 지바현 키사라즈시 향토박물관 킨노스즈 관장

스즈키 타카오 _ 鈴木隆雄, Suzuki Takao

삿포로의과대학교 의학부 졸업
도쿄대학교 대학원 이학계 연구과 생물학전공 석 · 박사과정 졸업(이학박사)
일본 국립장수의료센터 연구소장
(현재) 일본 오비린대학 노년학종합연구소 소장

• 옮긴이

김수환 _ 金秀桓, Kim Su Whan

경성대학교 사학과 졸업
부산대학교 대학원 고고학과 석사과정 졸업
부산대학교 대학원 고고학과 박사과정 수료
함안박물관 및 경상남도 학예연구사
(현재) 경상남도 문화재위원회 전문위원

KOUKOGAKU NO TAME NO KOJINKOTSU CHOUSA MANUAL
© Miho TANIHATA, Takao SUZUKI 2004
Originally published in Japan in 2004 by GAKUSEISHA.
Korean translation rights arranged through BOOKPOST AGENCY, Seoul.

考古學을 위한 古人骨調査研究法

고고학을 위한 고인골조사연구법

초판발행일 2010년 10월 21일
초판2쇄일 2024년 05월 20일
옮 긴 이 김수환
발 행 인 김선경
책 임 편 집 김소라
발 행 처 서경문화사
　　　　　 주소 : 서울시 종로구 이화장길 70-14(204호)
　　　　　 전화 : 743-8203, 8205 / 팩스 : 743-8210
　　　　　 메일 : sk8203@chol.com
신 고 번 호 제1994-000041호
ISBN 978-89-6062-063-6　　93380

ⓒ 김수환 · 서경문화사, 2010

(재)우리문화재연구원 학술총서1

고고학을 위한 고인골조사연구법

타니하타 미호 · 스즈키 타카오 지음
김수환 옮김

서경문화사

　　유적을 발굴조사하다 보면 고인골(古人骨)이 출토되는 경우가 있다. 고인골은 에도시대(江戶時代)의 분묘유적 등 출토가 당연히 예상되는 유구에서는 물론 우물 안이나 취락으로부터 떨어져 있는 토광(土壙)과 같이 생각지도 못한 장소에서 다른 일반적인 유물과 함께 종종 출토된다. 이러한 경우, 개인의 의지와는 상관없이 유적의 발굴조사 담당자는 출토인골에 어떠한 형태로든 관계할 수밖에 없다.

　　고인골이 출토되면 어떻게 하는 것이 좋을까?

　　출토되는 즉시 전문적인 인류학자에게 연락하여 모든 것을 맡기는 것도 하나의 방법일 것이다. 그러나 그것을 발굴한 고고학 전문가 자신이 출토인골에 대해서 「자신의 전공이 아니니까 자신과는 아무런 관계가 없다」라고 하는 것은 과학적 정보의 일단이 유실됨과 동시에 아주 유감스러운 일이다. 왜냐하면 고인골은 고고학을 전공하는 연구자에게도 아주 「맛있는」 정보를 담고 있기 때문이다. 상세한 것은 본문에서 설명하겠지만, 피장자(被葬者)가 소속된 집단과 매장습관 등에 관한 고찰 등 고인골로부터 얻은 정보를 기초로 하여 고고학 자체로 피드백(feedback)할 수 있는 연구도 가능하다.

　　또한 아무리 「고인골이 출토되면 인류학자에게 의뢰한다」하더라도 그들이 언제나 유적까지 직접 나와서 인골의 수습을 비롯한 모든 처리를 전담하는 것은 아니다. 만일 「인골에 대한 감정은 가능하니까 출토된 인골만 연구소로 보내주세요」라고 하면 유적에서 출토된 인골의 수습과 출토상황에 대한 기록, 포장 등의 작업은 모두 발굴조사 담당자가 해야 한다. 그렇기 때문에 담당자도 고인골에 관한 지식을 가지고 있어야 함은 말할 필요도 없다. 그러나 안타깝게도 현재 일본에는 고인골의 감정에 대해 배울 수 있는 교육기관이 그리 많지 않다. 그래서 필자들은 이 책을 「고고학에서 본 인골」이라는 관점에서 집필하고자 하였다.

　이 책은 실제로 인골을 관찰하는 훈련을 전혀 받은 적이 없는 사람들을 대상으로 쓴 것이다.

　제1장에서는 출토된 인골을 어떻게 수습하는지, 또 보존 처리와 보관 관리는 어떻게 하는지에 대해서 설명하였다. 이러한 지식이 조금이나마 있는 것과 전혀 없는 것에 따라 작업의 능률과 결과는 크게 달라진다. 특히 보존 처리와 보관 관리에 관한 지식은 인골뿐만 아니라 다른 다양한 출토유물에도 응용할 수 있다.

　제2장에서는 뼈(骨)란 무엇인가라는 생물학적인 지식과 인골로부터 알 수 있는 것에 대하여 설명하였다. 뼈에 대해서는 굳이 다룰 필요가 없을지도 모르지만 그 구조에 대해서 조금 더 상세하게 알아 둘 필요가 있기 때문이다. 그 중에서도 인골의 연령추정과 성별판정에 관한 기초적인 지식은 발굴현장에서도 도움이 될 것이다.

　제3장은 골학(骨學)을 다룬 장이다. 뼈가 인골의 어느 부분에 해당하는지를 동정(同定)하는 작업은 약간 어려운 측면이 있어서 실제로는 골격표본 등을 옆에 두고 인골에 익숙한 강사가 학습자의 질문에 답하는 실습형식으로 하지 않으면 알 수 없는 부분이 많다. 따라서 책만으로는 한계가 있으므로 여기에서는 전문용어를 가급적 적게 사용하고 도판을 많이 사용하여 가능한 알기 쉽게 설명하였다. 그렇기 때문에 제3장은 책 전체를 한번 통독한 다음, 개별 인골에 대해 조사할 때 필요에 따라 색인을 이용하여 찾아보는 것이 좋을 것 같다.

　제4장에서는 인골에서 관찰되는 질병의 흔적에 대해 설명하였다. 물론 골병변(骨病變)으로 관찰되는 것이 그 인물이 생전에 앓았던 모든 질병을 보여주는

것은 아니다. 그러나 이러한 소견을 자세하게 관찰하고 데이터를 축적해가면 흥미로운 결과를 얻을 수 있다. 일본에서는 고병리학(古病理學)에 대한 연구가 그리 활발하지는 않지만 필자들이 인골 중에서도 이러한 소견을 중심으로 연구를 시도한 경험이 있어서 이에 대해 1장을 할애하였다.

제5장에서는 고인골을 이용한 고고학적인 연구 및 고고학으로 피드백(feedback)할 수 있는 인류학적 연구를 정리하였다. 다른 연구와 마찬가지로 고인골을 이용한 어떠한 연구도 한계는 있지만 이러한 한계 역시 포함시켜 인골을 대상 자료로 하는 연구의 가능성과 장래성에 대해서 알리고자 하였다.

실제로 출토된 고인골로부터 어떻게 정보를 추출할 것인가, 또 그것을 기초로 어떠한 연구를 할 것인가에 대해서는 이 책을 읽어 본 후 여러분들이 각자 생각해 주었으면 한다.

차 례

01 유적에서 출토되는 고인골

발굴 전에…

일반적으로 고인골은 분묘 등의 매장유구를 중심으로 출토된다(01도).

그러나 경우에 따라서는 근세近世의 우물 바닥에서 여성 인골이 출토되었다…라고 하는 것처럼 매장유구가 아닌 곳에서 출토되는 예도 있다. 보통 이러한 경우 일반인들은 「왜 우물에서 출토되었을까?」하고 생각할 것이다. 하지만 고고학을 전공하는 연구자라면 한발 더 나아가 출토상태 등을 관찰하여 「왜 여성일까?」, 「인골의 자세는 어떻게 되어 있을까?」, 「외상은 없을까?」 등의 검토를 시도할 것이다.

이를 포함하여 실제 출토된 인골을 취급할 때 가장 중요한 것 중 하나는 인골 자체가 가지는 정보와 함께 그것이 어떠한 유구에서 출토되었는지, 또 그 유구가 주변의 유구와 어떻게 관련하며 어떠한 다른 점이 있는지 등도 함께 확인하여야 한다는 것이다. 이들에 관한 기록도 당연히 정확하게 남겨두어야 한다.

그리고 이러한 정보를 정확히 얻어낼 수 있는 이들은 인골을 전문으로 하는 인류학자보다도 오히려 실제 발굴조사를 실시하고 유구에도 애착

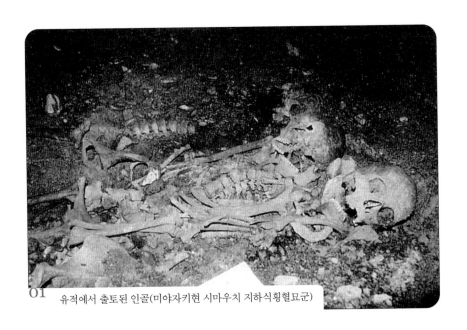

01 유적에서 출토된 인골(미야자키현 시마우치 지하식횡혈묘군)

을 가지는 고고학 전문가일 것이다.

죠몽시대繩文時代의 패총과 근세의 묘지 등 인골이 출토될 것 같은 유구를 발굴하는 경우에는 조사를 시작하기 전에 나름대로의 준비가 필요하다.

필요한 도구와 기자재에 대해서는 제1장을 읽고 난 후 독자 여러분이 각자 생각하는 것이 좋을 것이다. 이외에도 필요한 것을 굳이 말한다면 우선「예산과 시간」을 들 수 있다.

왜냐하면 인골을 동반한 조사는 인골의 실측과 수습 등에 시간이 걸리기 때문에 통상의 조사에 비해 조사에 필요한 시간이 두 배 이상 소요되는 경우도 있다. 그렇기 때문에 발굴조사 담당자는 분묘가 많이 확인될 것 같은 유적을 발굴조사하는 경우에는(어려울지도 모르지만) 사전에 충분한 예산과 시간을 확보해 둘 필요가 있다.

한편 조사와는 직접적인 관계가 없지만 만일 발굴 중에 인골이 출토된다면, 우선 그곳에서 어떠한 형태로든 기도나 불제祓除를 하는 것이 좋다

(실제로는 술을 바치거나, 소금을 담아 놓거나, 향을 피우는 것이 보통이다).

왜냐하면 발굴조사 담당자는 괜찮다하더라도 발굴에 참가하고 있는 보조원 중에는 인골을 처음 보는 사람이 있을지도 모르며 이러한 경우 불제를 하지 않으면 인골의 존재에 신경이 쓰여 작업 자체를 더 이상 진행할 수 없는 상황이 발생할 수도 있기 때문이다.

인골로부터는 흔히 「죽음」을 연상한다. 때문에 「인골」의 일반적인 이미지는 별로 좋지 않으며 더구나 일반적으로 거의 볼 수 없는 것이기 때문에 아주 특별한 것으로 간주되는 것 같다.

인골의 취급에 익숙해져 인골 자체를 연구대상으로서의 측면에만 관심을 갖는다면 인골이 가지는 이러한 일반적인 이미지를 쉽게 잊을 수 있지만, 우리들은 일반인이 「인골」에 대해 가지고 있는 이미지가 여전히 「죽음」이라는 것을 잊어서는 안 된다.

아무튼 인골에 대한 여러 가지 사항들을 익히고 이에 대한 취급과 실측이 익숙해진다면 그리 번거로운 일은 아니다.

발굴현장에서의 인골조사

실제로 유구에서 인골이 출토되었다면 그 상태를 어느 정도 관찰할 수 있을 때까지 노출시킨다. 예를 들면

:: 그 인골이 어떠한 자세로 매장되어 있었는지, 인골의 어느 부분이 어느 정도 남아 있는지 등의 상황을 파악할 수 있을 때까지 조금씩 발굴해 나간다.
:: 인골의 어느 부분만을 집중적으로 파내어 버리거나 묻혀 있는 인골 위를 밟고 올라가 체중을 실어 결과적으로 인골을 부숴버리는 등의 사태는 경계해야 한

다. 항상 전체를 보면서 넓게 조금씩 발굴해 가는 것이 중요하다.

인골 조사를 실시할 때에는 골학骨學과 해부학解剖學 등에 대한 전문적인 지식을 가지고 있는 것이 분명 바람직하다. 그러나 요점만 제대로 파악하고 있다면 조사를 할 수 없는 것은 아니다.

:: 묘광을 확인했다면, 우선 묘광의 규모로부터 어떠한 상태의 인골이 출토될 것
   인지를 예상한다.

비교적 작은 묘광의 경우에는 어린 아이나 소골燒骨이 묻혀 있을 가능성이 높으며, 더 작은 묘광의 경우에는 구부린 상태로 매장屈葬된 인골이 묻혀 있을 가능성이 높다. 또 세장한 묘광의 경우에는 신체를 편 상태로 매장伸展葬되어 있을 가능성이 높다.

그러면 실제로 파내려간다.

:: 일반적으로 신전장伸展葬으로 매장된 인골의 경우, 파내려 가면 먼저 두개골이
   나온다. 한편 굴장屈葬된 인골의 경우, 발굴해 내려가면 먼저 슬개골膝蓋骨에 닿
   을 가능성이 크다.

또 근세의 매장유구에 많은 좌관자세座棺姿勢(관 내부에 앉아 있는 자세)로 매장된 피장자의 경우에도 두개골이 먼저 확인되는 경우가 많다.

발굴할 때에는 실측과 사진촬영 등 기록 작업의 진행상황에 맞추어 가면서 조금씩 흙을 제거해 간다.

:: 사진은 인골전체를 내려다 볼 수 있는 상태와 인골의 부위별 상황을 확인할 수
   있도록 각 부위를 세밀하게 접사하여 여러 장 촬영한다.
:: 특히 굴장위屈葬位의 경우, 늑골肋骨과 척추 등의 체간골體幹骨과 수족골手足骨
   이 한 덩어리로 되어 있는 예가 많은데 어느 부분인지를 판별할 수 있도록 자세
   하게 기록하는 것이 중요하다.

02 인골 출토상태에 대한 실측

　　출토상태는 반드시 도면으로 남겨두어야 한다. 잘 살펴보고 관찰한 그대로를 도면에 기록한다(02도).

∷ 인류학에서는 출토인골에 대한 실측을 일반적으로 1/10 스케일(Scale)로 한다.역주1)

1/10 보다 스케일이 크면 실측하는데 지나치게 시간이 많이 걸리거나 도면이 너무 커져 버려 보관이나 취급이 어려워진다. 또한 1/10 보다 스케일이 작으면 자세와 세밀한 유존 부위의 형상을 알 수 없게 되어 결국 어느 부위의 뼈를 도면에 그린 것인지 확인하기 어려워진다. 이러한 이유에서 출토인골에 대한 실측은 보통 1/10 스케일로 한다.

∷ 도면은 가능한 정확하게 실측하여 도면만으로도 두향頭向과 매장자세 등을 알 수 있도록 해야 한다.

앙와仰臥와 측와側臥 등의 매장자세는 골반骨盤의 상태를 관찰하면 분명하게 알 수 있다. 골반의 방향 등에 주목하면서 이를 한눈에 알아 볼 수 있도록 도면을 작성한다.

도면을 정확하게 작성하지 않으면 도판에만 의존해야 하는데 이러한 경우 피장자의 치아齒牙는 40개나 되는 한편 늑골은 4개뿐인 우스꽝스러운 상황이 발생할지도 모른다.

이렇게 되면 그 도면자체를 도대체 어느 정도까지 신뢰할 수 있을까

역주1) 유적 발굴조사에서 유구에 대한 실측은 상황에 따라 다르지만 1/10 내지는 1/20 스케일로 하는 것이 일반적이다. 이 책의 필자들은 유적에서 출토되는 인골 역시 다양한 이유를 들어 1/10 스케일로 실측할 것을 당부하고 있다. 하지만 김재현 교수(동아대학교 고고미술사학과)는 유적 출토인골을 1/10 스케일 또는 그 이상의 축척으로 실측할 경우, 인골의 부위별 세부 위치관계나 복수 매장된 인골의 중복 및 선후관계 파악에 심각한 혼란을 줄 수 있음을 지적하면서 인골의 매장상황에 대한 정확한 정보를 기록하기 위해서는 실측도면을 1/5 스케일로 작성할 것을 권장하고 있다.
김재현, 2006, 「인골분석-인골의 수습과 처리방법-」『한국 매장문화재조사연구방법론』2, 국립문화재연구소, 342쪽.

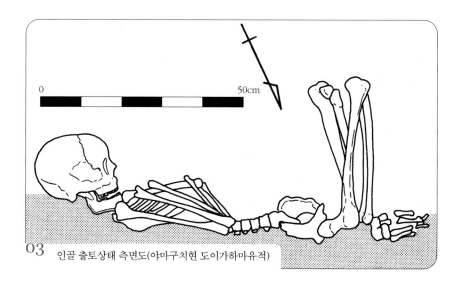

03　인골 출토상태 측면도(야마구치현 도이가하마유적)

하는 문제가 일어나기 때문에 뼈의 형태를 분간할 수 있도록 1/10 스케일
로 가능한 정확하게 각 뼈의 형태를 묘사해야 한다. 또한 도면을 작성할
때에는 부장품의 위치확인 등의 작업 역시 중요하다.

　　다수의 매장유구가 출토된 경우, 도면을 작성하지 않고 사진만 촬영
하는 예도 있는 것으로 알고 있지만, 원형목관圓形木棺의 경우에는 유물이
본래의 위치보다 아래로 내려가 있는데다가 겹쳐진 상태로 출토되기 때문
에 사진만으로는 인골의 상태와 복수인 유물의 위치관계를 알 수 없다. 정
밀한 연구를 위해서는 역시 정확한 도면이 필요하다.

:: 도면은 한 방향에서 뿐만 아니라 입면 상태도 실측해 놓으면 향후 그 실측 도면
　을 효율적으로 활용할 수 있다(03도).

　인골에는 직사광선과 비가 가장 무서운 적이다.

:: 인골이 출토되었다면 가능한 한 가설텐트 등을 쳐서 인골에 햇빛이나 비가 직
　접 닿지 않도록 해야 한다. 햇빛에 의한 건조 또는 빗물에 의해 녹는 현상 등은

모두 인골의 보존 상태를 현저히 악화시켜 버린다. 따라서 출토된 인골은 현장에 방치하지 말고 도면과 사진촬영 등의 작업이 완료된 다음에는 가능한 신속하게 수습해야 한다.

수습 전에…

출토된 인골을 수습하는 방법은 다른 유물과 크게 다르지 않다. 그러나 약간 특수한 기술을 필요로 하는 부분도 있다. 이에 대해서는 아래에서 별도로 설명하겠다.

:: 수습할 때에는 뼈 하나하나가 각각 어느 부분과 연결되어 있는지를 생각하면서 작업한다.

예를 들면 「이 뼈는 우상완골右上腕骨이니까 그 아래에는 우전완골右前腕骨이 있고…」하는 식으로 각 부위를 간단하게 머릿속에 이미지화 해본다 (이 책의 제3장을 읽어 보면 쉽게 이미지화할 수 있다). 이렇게 함으로써 관절부분의 파손과 뼈의 누락을 막을 수 있다. 특히 앞에서 서술한 것처럼 굴장의 경우, 체간골과 사지골四肢骨이 한 덩어리로 되어 있는 경우가 많기 때문에 주의가 필요하다.

:: 오른손은 오른손, 왼손은 왼손… 등과 같은 방법으로 좌우의 뼈가 섞이지 않도록 수습하는 것 역시 중요하다.

상완골上腕骨과 척골尺骨은 유존율遺存率만 높으면 좌우 판별이 어렵지 않다. 그러나 수족手足의 말절골末節骨 등은 좌우를 잘 구분하여 수습하지 않으면 어느 쪽이 어느 쪽인지 알기 힘든 경우가 있다(상세한 것은 제3장

참조).

　∷ 수족의 말절골과 같이 작은 뼈는 빠뜨리기 쉽기 때문에 인지하지 못한 채 현장
　에 그대로 두고 오는 경우도 있으므로 특히 주의가 필요하다.

　인골의 유존율은 다양한 요인이 복합되어 결정되는 것인데 유존상태
가 나쁠수록 동정 작업은 어려워진다. 그 중에서도 수족골은 작기 때문에
어떠한 경우라도 유존율이 낮은 것이 보통이다.

　수골手骨은 작고 복잡하지만 여기에는 특수한 병적 소견病的 所見이 남
아 있는 경우도 있다. 그 때문에 작은 뼈도 남김없이 현장에서 잘 수습하
여 가지고 올 수 있도록 세심한 주의를 기울일 필요가 있다. 앞으로 그 자
료가 연구재료로서의 위력을 발휘할 수도 있기 때문이다.

　∷ 만일 현장에서 잘 수습할 수 있을 정도의 충분한 시간이 확보되지 않는다면 오
　른손과 왼손의 각 부분을 흙과 함께 수습하여 실내로 가지고 온 후 발굴하는 것
　도 하나의 방법이다.

　인골이 항상 1개체씩만 출토된다면 좋겠지만 2개체나 그 이상이 한
분묘 내에서 뒤엉킨 상태로 출토되는 예도 적지 않다. 이러한 경우, 어느
인골이 누구의 것인가 하는 「개체식별個體識別」을 해야 한다. 그러나 이와
같은 작업은 실제로 매우 어려우며 특히 여러 개체의 다양한 부위의 뼈가
집적集積되어 있는 「집골集骨」의 경우에는 아주 힘들다(04도). 무리하지 말
고 가능한 범위 내에서 작업을 진행해 가는 것이 중요하다.

　∷ 개체식별은 개별 인골의 보존 상태나 색조 등이 단서가 되는 경우가 있다.

　예를 들면 동일한 보존 상태나 색조를 띠고 있는 인골인 경우에는 동
일개체일 가능성이 높다. 또한 주肘와 슬膝 등의 관절면關節面을 함께 살펴

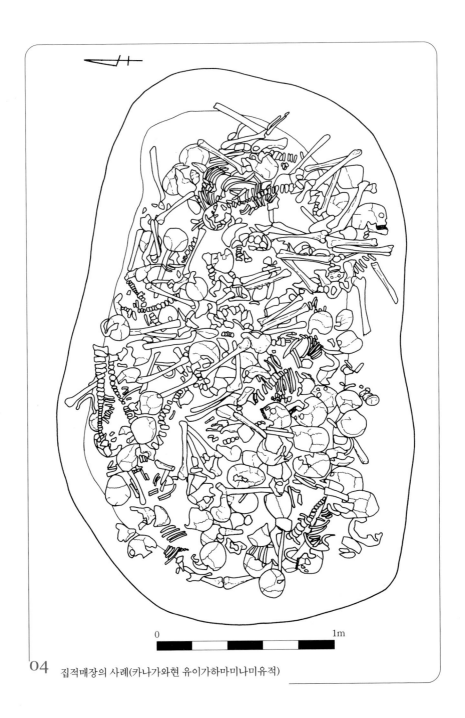

0　　　　　　　　　　　　1m

04　집적매장의 사례(카나가와현 유이가하마미나미유적)

보는 것도 하나의 방법이다.

난이도의 기준 — 부위동정 · 개체식별 등	
어려움	화석인골 - 네안데르탈인 등
	고분 출토인골 - 적석총(積石塚) 등 포함
⇩	근세의 매장유구 출토인골 - 복수매장(複數埋葬)인 경우
	패총(貝塚) 출토인골 · 지하식 횡혈묘(地下式 橫穴墓) 출토인골
쉬움	근세의 매장유구 출토인골 - 단일매장(單一埋葬)인 경우

인골의 수습

:: 수습된 인골은 신문지로 포장한다(05도).

신문지는 값싸고 구하기 쉬운데다가 보관 중에 인골이 가지고 있는 수분(습기)을 흡수해 준다는 장점이 있다. 포장한 신문지가 건조해지고 난 후(보통은 약 2~3개월 후) 흙을 털어내는 등의 클리닝 작업을 실시한다. 약간의 시간이 경과한 후 클리닝 작업을 하면 대나무 꼬챙이 등으로도 인골에 붙은 흙을 간단하게 제거할 수 있어 작업하기 쉽다.

:: 포장은 좌상완골左上腕骨, 우대퇴골右大腿骨 등과 같이 부위별로 한다. 라벨에 부위와 유적명, 유구명 등을 써 넣고 인골과 함께 포장한다(06도). 또한 신문지 바깥에도 유성펜 등으로 부위와 유적명, 유구명, 수습일 등을 써 놓는다.
:: 수습한 인골이 많이 젖어 있었던 경우에는 신문지를 수차례 교환해 줄 필요가 있다. 이 작업을 소홀히 하면 일본과 같이 습도가 높은 기후에서는 수습한 인골에 곰팡이가 생길 수도 있다. 이는 절대 피해야 할 최악의 상황이다.

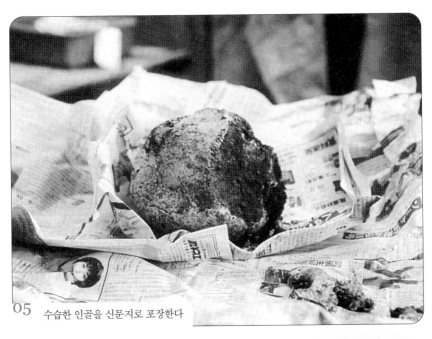

05 수습한 인골을 신문지로 포장한다

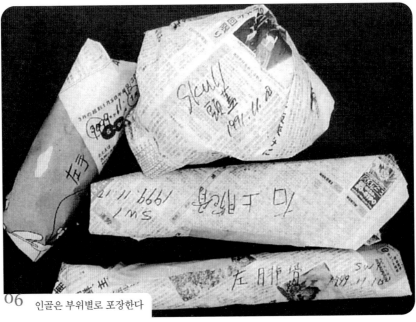

06 인골은 부위별로 포장한다

현장에서 수습한 인골은 신문지로 포장하여 정리 작업실 등 실내로 가지고 들어온다. 이 때

:: 보관 상자를 신문지로 포장한 인골로만 가득 채우지 않도록 한다.

상자에 넣을 때에는 완충이 될 만한 것이 필요하다. 견고하게 보이는 인골도 완충재를 넣지 않고 포장하면 이동 중에 부서질 수 있다.

:: 포장재로는 일반적으로 솜과 신문지를 둥글게 만 것을 사용한다. 다만, 솜은 젖은 상태로 출토된 인골에는 적합하지 않다.

왜냐하면 솜은 습기를 흡수하여 뼈에 달라붙는 경우가 있기 때문이다. 솜이 인골에 붙으면 이를 인골로부터 제거하는데 많은 수고와 시간이 든다.

출토된 인골의 보존 상태는 유적과 유구에 따라 다양하다. 그 중에는 유존상태와 보존상태 모두 별로 좋지 않은 인골도 있다.

예를 들면 거의 모든 부위가 갖추어진 전신골격이 출토되기도 하지만 1cm 미만의 파편만 소량 출토되는 경우도 있다. 그러나 자료가 파편인 상태라 하더라도 연구내용에 따라서는 장래에 자료로서의 가치를 크게 발휘할 수도 있다. 그렇기 때문에 설령 파편이라 하더라도 소중하게 취급해야 한다.

보존상태가 좋지 않은 인골인 경우에는 표면의 흙을 떼어내기 힘들 때가 있다. 이러한 인골을 무리하게 수습하려 하면 인골 자체가 산산조각나 버린다.

:: 인골이 약한 경우에는 주위의 흙과 함께 수습하거나 인골에 합성수지를 도포하여 어느 정도의 강도를 가지게 한 후 수습하는 것이 일반적인 방법이다.

흙과 함께 인골을 수습하는 방법은 다음과 같다(07도).

07-1 보존상태가 불량한 인골의 수습(토쿠시마현 오오가키유적)
수습할 인골과 그 주변을 노출시켜 블록을 만든다. 이 때 인골과 주변토양에 합성수지를
도포하여 경화시킬 수도 있다.

07-2 유구의 환경이 습윤한 경우에는 수습할 인골과 그 주변을 알루미늄 호일 및 부직포로 덮고
그 위를 다시 알루미늄 호일로 덮는다. 이후 다시 부직포 등으로 덮어 수습할 인골을 보호
하는 것이 좋다.

07-3 블록의 아래를 절반 정도 파내고 난 후 그 아래에 널빤지를 댄다. 반대쪽도 동일하게 파내고 널빤지 2장을 블록 아래에 깔아 놓는다.

07-4 유구내의 수습할 인골과 주변토양을 함께 우레탄폼으로 덮는다.

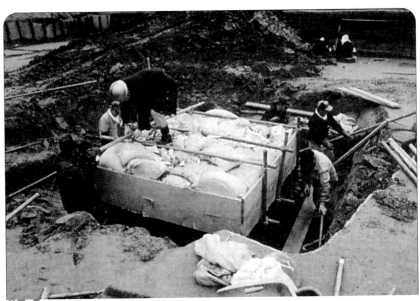

07-5 우레탄폼이 완전하게 건조되면 블록채로 수습하여 실내로 운반한다. 그 다음 실내에서 필
요에 따라 합성수지 등을 도포하면서 인골을 흙에서 떼어낸다.

인골에 합성수지를 도포한다

아래에서도 설명하겠지만, 합성수지를 한번 도포해 버리면 다시는 제
거하지 못한다. 그 때문에 합성수지를 도포하고자 한다면, 인골의 보존 상
태와 앞으로의 자료 활용 등을 충분하게 고려하여야 한다.

인골을 수습할 때나 실내로 가지고 온 후 보강을 위해 도포하는 합성
수지에는 다양한 종류가 있다.

:: 건조한 상태의 인골에는 비닐계 합성수지인 뷰트발을 도포하거나 분사하는 것
이 좋다.

아크릴계 합성수지인 파라로이드 B72 등을 권장하는 사람도 있지만 필자는 별로 적합하지 않다고 생각한다.

왜냐하면 아크릴계 합성수지는 비닐계 합성수지에 비해 강도가 높아서 도포할 대상인 인골의 상태에 따라서는 지나치게 강할 수도 있기 때문이다. 이 때문에 현재로서는 약간 부드러운 비닐계 합성수지인 뷰트발(BUTVAL)이 출토인골에는 적합하다고 할 수 있다.

:: 대부분의 합성수지는 물을 스며들지 않게 하는 성질 즉 발수성撥水性을 가지고 있기 때문에 도포·분사할 때에는 주의가 필요하다.

젖어 있는 인골에 이러한 발수성의 합성수지를 도포·분사하면 인골의 표면에만 달라붙어 인골내부에 있는 수분을 가두어 버릴 수 있다.

:: 도포하는 합성수지의 적절한 농도는 개별 출토인골에 따라 다양하지만, 처음에는 비교적 엷은 농도(0.5~5%)의 것을 사용하는 것이 좋다. 가능하면 엷은 농도에서 짙은 농도로 서서히 도포해 갈 것을 권장한다.

대체로 인골은 습윤한 상태로 출토되기 때문에 발굴현장에서 합성수지를 도포하는 작업은 조금 곤란하다. 그 때문에 물과 친화성이 있는 친수성親水性의 비닐계 합성수지(예를 들면 목공본드 등)를 사용하는 경우도 있다. 그러나 실제로는 인골을 정리 작업실 등 실내로 가지고 들어와서 약간 건조시킨 후에 발수성의 합성수지를 사용하는 예가 많다.

:: 절대로 잊지 말아야 할 것은 인골에 합성수지를 한번 도포해버리면 어떠한 경우에도 이를 두 번 다시 제거할 수 없다는 것이다. 그 때문에 이러한 약품을 인골에 도포·분사할 때에는 신중함이 필요하다.
:: 인골에 부착된 합성수지는 DNA분석 등에도 장해를 준다.

합성수지를 도포·분사할 때에는 「두 번 다시 제거할 수 없다」는 점을 반드시 염두에 두고 해당 인골의 형태적인 특징이 중요한 경우에만 사용하도록 한다.

매장환경을 생각한다

인골을 수습할 때에는 주위의 흙도 함께 잘 채취해 두는 것이 좋다.

그러나 실제 이러한 작업은 아주 어렵다. 또한 「인골 주변의 흙」이라고는 하지만 그 중에는 피장자의 인골과 주위의 흙을 분간하기 어려운 경우도 있다(08도).

이러한 경우, 실제로는 인골과 관련된 물질이 이미 대부분 흙으로 치환되어 버려 「이곳에 누군가가 매장되어 있었음」을 흙 색깔土色의 변화로만 인식할 수밖에 없다. 채취에는 세심한 주의가 필요하다.

:: 흙의 채취는 일견 아무런 의미가 없는 작업으로 생각될지도 모르지만 인골의
   보존 상태·유존 상태를 파악하는 데에 절대 빠뜨려서는 안되는 작업이다.

이러한 것은 주변 환경의 하나인 토양의 pH와 함수율含水率 등이 인골의 보존 상태·유존 상태를 크게 좌우하기 때문이다.

:: 인골이 양호한 상태로 출토되기 위해서는 토양의 pH가 중성이거나 약한 알칼
   리성에 가까워야 한다. 일본의 토양은 일반적으로 산성에 가깝기 때문에 인골
   이 양호한 상태로 유존되기 어렵다고 한다.

그러나 그 중에는 양호한 상태로 출토되는 인골도 있는데, 이러한 경우 다른 출토상황과의 차이를 파악하기 위해서라도 가능하면 토양의 pH 수치를 측정해 두는 것이 좋다. 토양의 pH수치는 비교적 값싼 pH측정기

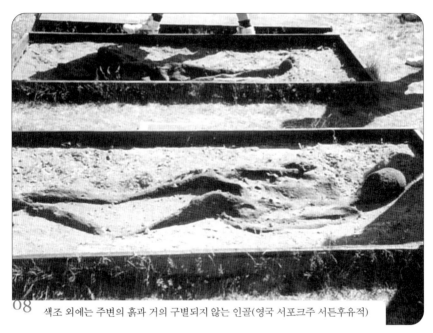

08 색조 외에는 주변의 흙과 거의 구별되지 않는 인골(영국 서포크주 서튼후유적)

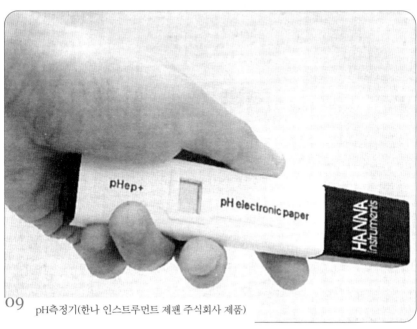

09 pH측정기(한나 인스트루먼트 제팬 주식회사 제품)

등을 이용하여 간단하게 측정할 수 있다(09도).

:: 인골이 양호한 상태로 출토되기 위해서는 「수분의 상태」도 관건이다. 즉 건조하다면 (지역에 따라서는) 미라(mirra)처럼 연부조직軟部組織이 고스란히 유존해 있는 유체遺體가 발견될 수도 있기 때문이다. 인골의 보존에는 수분이 아주 적은 상태가 이상적이라고 할 수 있다.

흙이 건조한 상태인지 습윤한 상태인지를 판단하는 데는 우리들의 체감으로도 어느 정도 가능하지만 그 수치에 객관성을 가지기 위해 가능하다면 아래와 같이 작업하도록 한다.

① 인골의 주변 토양을 약 100g 정도 채취한다. 100g의 흙을 채취할 수 없는 경우에는 그 이하라도 관계없다.
② 채취한 흙(약 100g)의 중량을 먼저 측정한다.
③ 그 후 흙을 건조기 등에 넣고 완전히 건조시키는데, 건조된 중량이 일정恒量해질 때까지 수차례 건조와 측정을 반복한다.
④ 이러한 일련의 작업에서 얻어진 측정치를 다음의 공식에 대입하면 채취한 흙에 포함된 수분량(함수율)을 파악할 수 있다.

$$\text{토양의 수분량(함수율)} = \frac{\text{채취 직후 토양의 중량} - \text{항량이 된 토양의 중량}}{\text{항량이 된 토양의 중량}} \times 100$$

:: 인골의 보존에는 수분과 마찬가지로 「산소」도 중요한 요소가 된다. 무無산소 상태라면 건조 상태와 같이 미생물의 활동이 억제되어 인체가 쉽게 유존된다.

영국의 니탄지泥炭地에서 우연히 발견된 「보그맨(Bog man)」은 인체의 연부조직까지 유존해 있을 정도의 놀라운 보존 상태로 출토되었다.
보그맨의 경우는 수분이 아주 많은 상태에 놓여 있었음에도 불구하고 흙으로 밀폐되어 무산소 상태로 묻혀 있었기 때문에, 유체는 연부조직을 포함하여 아주 양호한 상태를 유지할 수 있었던 것이다.

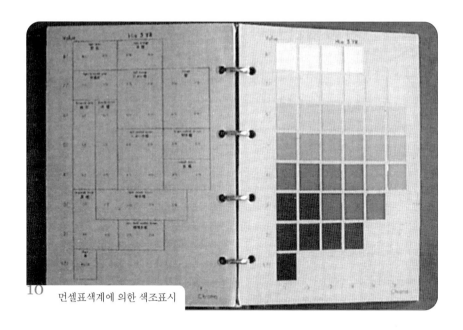

10 　먼셀표색계에 의한 색조표시

흙의 특성에 대해서도 살펴보자.

토양의 특성을 파악하는 데에는 이온 크로마토그래피(Ion Chromato-graphy)라는 분석기기分析機器를 사용한다. 이 기기를 이용하여 분석하면, 예를 들어 흙 속에 들어 있는 칼슘, 인 등 성분의 종류 및 그 분량을 알 수 있다. 칼슘과 인이 흙 속에 몇 % 포함되어 있는지도 알 수 있다. 그러나 이 기기는 아주 고가의 장비이기 때문에 손쉽게 사용하기 어렵다는 단점이 있다.

간단하게 토양의 성분을 파악하려 한다면 색조를 살펴보자.

토양의 색조는 성분을 반영하고 있는 경우가 많으므로 이를 통해 어떠한 흙인지 어느 정도는 추측할 수 있다.

색조 관찰에는 일반적으로 일본日本 농림수산성農林水産省이 출판한 표준토색첩標準土色帖역주2)을 사용한다. 이것은 고고학을 전공하고 있는 사람에게는 잘 알려져 있는 것으로, 보통 「먼셀토색표(Munsell soil color chart)」^{역주3)}라고 하는데, 이는 미국 광학회가 개량한 색^色 표기방법의 하나이다(10도).

이 표기방법은 색이 가지는 3속성(색상, 명도, 채도)을 기초로 하여 R, Y, G, B, P 등의 알파벳과 숫자로 표기하고 있다. 즉 황색 빛이 도는 흑색(5Y−2/1)이나 적색 빛이 도는 흑색(2.5YR−1.7/1) 등의 객관적인 표기를 할 수 있는 것이다.

인체^{人體}와 골격^{骨格}이 어떠한 상태에서 어떻게 부패하는지, 또 유존하는지 등을 조사하는 연구를 「화석생성학化石生成學(Taphonomy)」이라고 한다. 이러한 연구는 아주 중요하지만 애석하게도 현재 일본에는 관련연구자가 거의 없다.

앞에서도 언급하였듯이 매장환경에 관한 데이터를 수집하는 것은 지루한 작업으로 발굴조사 자체에 있어서는 일견 무의미한 것으로 생각될 수도 있다. 그러나 「화석생성학」에 있어 이러한 데이터는 필수이다. 그렇기 때문에 인골이 출토된 유적 토양의 pH수치와 함수율 등의 데이터를 축적해 나감으로써 인골의 보존 상태 · 유존 상태에 관한 고찰연구가 진전될 수 있을 것으로 기대된다.

역주2) 『新版 標準土色帖』, 2004, 農林水産技術會議事務局 監修 · 財團法人 日本色彩研究所 色標監修.

역주3) 먼셀표색계(Munsell color system)를 기초로 하여 만든 토색표(soil color chart)를 일컫는다. 먼셀표색계는 1905년 먼셀(Albert Henry Munsell, 1858~1918, 미국의 화가)이 고안한 색표시법으로서 1943년 미국 광학회의 측색위원회(測色委員會)에서 수정 발표하여 현재 국제적으로 널리 사용되고 있다. 색을 색상(色相 : H=hue), 명도(明度 : V=value), 채도(彩度 : C=chroma)의 세 가지 속성으로 나누어 H-V/C라는 형식에 따라 번호로 표시한다. 먼셀 색표시법에 따른 실례를 들어보면, 주황색(Yellow Red)은 색상이 5YR, 명도가 6, 채도가 12인 색으로 이에 대한 표시는 5YR-6/12로 한다. 먼셀표색계는 십진법으로 표시함으로써 색을 세분하여 지시할 수 있으며 이를 통해 색을 정확하게 나타낼 수 있다는 장점이 있다. 한편 한국산업규격(KS)에서도 색표시법으로 먼셀표색계를 채택하고 있다.

11 뇌의 내용물이 유존해 있는 예

유존하기 쉬운 인골과 어려운 인골

유존 상태가 좋은 인골에는(특히 일본에서는 근세의 매장유구에 많지만) 두개골 내부에 뇌의 내용물이 유존해 있는 경우가 있다(11도).

특히 출토된 직후의 피장자인 경우, 「뇌수腦髓」가 고스란히 유존해 있어 주름 하나하나까지 자세하게 관찰할 수 있는 예도 있다. 돗토리현鳥取縣의 아오야카미지치유적青谷上寺地遺蹟에서는 야요이인弥生人의 뇌가 출토되어 화제가 되었던 적이 있는데 실제 에도시대의 유적에서 출토되는 인골에서는 이러한 예가 드물지 않게 확인되고 있다.

이렇게 출토된 「뇌수」의 보관은 아주 어려운데, 우선적으로 냉장고 등에 보관해 두는 예가 많다. 그 밖에도 인골이 양호한 상태로 출토되기

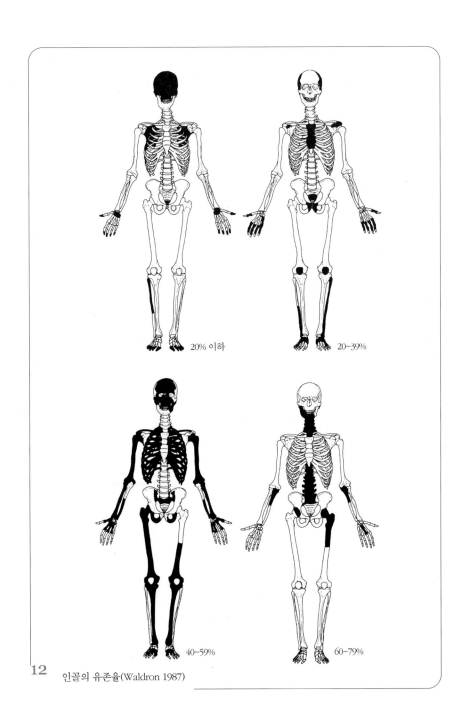

20% 이하

20~39%

40~59%

60~79%

12 인골의 유존율(Waldron 1987)

위해서는 인골의 매장환경 외에 인골 그 자체의 특성과도 관계되어 있다.

12도는 영국의 해부학자 월드런(Waldron)이 작성한 것이다. 앞에서 언급하였듯이 대퇴골 등의 장골長骨은 다른 뼈에 비해 유존율이 높은 반면 수근골手根骨 등은 유존율이 낮음을 알 수 있다.

:: 인골의 유존율遺存率은 해당 부위의 형태적 특징과 총면적 등 다양한 요인이 복잡하게 얽혀서 결정된다.

수근골 등은 유존하기 어려운데다 크기가 작기 때문에 조사자의 실수로 발굴현장에서 채 수습하지 못하고 현장에 두고 올 가능성이 높다.

피장자인 인골 자체가 가지고 있는 특성 또한 유존율과 깊은 관련이 있다. 예를 들면

:: 골화骨化(제2장 참조)가 완료되지 않은 미성인골未成人骨은 성인골成人骨보다 유존율이 낮다.

이는 인골의 총면적이 작다는 점과 함께 뼈 자체의 강도가 약하다는 특징에 따른 것이다. 또한 병적 소견이 동반되어 뼈의 강도가 저하되어 있는 경우에도 개체의 유존율은 낮아진다.

실내에서의 작업

현장에서 수습이 완료되어 인골을 정리 작업실로 가져 오면 이제부터는 실내에서 작업이 이루어진다(13도).

여기에는 흙과 함께 수습한 인골을 실내에서 발굴하는 작업과 유존 상태가 좋지 않은 인골에 합성수지를 도포하는 작업 등이 포함된다.

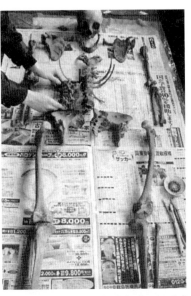

① 칫솔과 브러시 등으로 인골에 붙어있는 흙을 털어낸다.

② 유존부위를 확인하기 위해 인골을 배열한다.

③ 접합이 가능한 부위를 접합한다.

④ 인골의 유존부위를 기록한다.

13-1 실내 작업

⑤ 결손부위를 필요에 따라 파
라핀 등으로 복원한다.

⑥ 두개골과 장골 등을 계측한다.

⑦ 관찰과 기록이 완료된 인골은
(임시)보관한다.

13-2 실내 작업

그리고 인골 표면에 있는 흙을 제거하는 등의 정리 작업을 종료하고 나면 성별판정性別判定과 연령추정年齡推定 등의 감정에 들어간다.

이제부터의 작업에는 제3장에서 소개할 골학骨學 등의 지식이 필수적이다. 결국은 인골에 관한 어느 정도의 지식이 필요하다는 것인데 숙지만 한다면 그리 어렵지 않다. 실제로 이러한 작업은, 예를 들면 야마구치현山口縣에 있는 도이가하마유적土井ヶ浜遺蹟 인류학박물관人類學博物館 등에서는 보조원에 의해 이루어지고 있다. 물론 해당 박물관의 보조원은 수백 개체의 인골을 관찰한 경험을 가진 약간 특수한 사정이 있지만 숙달되면 능숙하게 할 수 있다는 점에서는 토기 등의 실측과 다르지 않다.

처음에는 인골에 대한 전문용어가 어려워 힘들지 모르지만 수십 개체, 수백 개체의 인골을 관찰하다 보면 점점 익숙해지고 재미있어진다. 흥미가 있거나 인골을 관찰할 기회가 자주 생기는 사람들은 꼭 인골 감정에 도전해 보기 바란다.

:: 인골 표면의 흙을 제거하는 데는 부드러운 브러시(brush) 등을 사용하며 가능한 한 건조한 상태에서 한다. 인골은 기본적으로 물로 세척해서는 안된다.

인골의 표면은 손상되기 쉽기 때문에 부드러운 브러시 등을 사용하여 표면에 붙은 흙을 살짝 털어 내도록 한다. 수습 후 실내에서 2~3개월 동안 보관해 놓은 인골의 흙은 건조되어 쉽게 제거할 수 있다. 흙이 단단하게 붙어 있는 부분은 나무젓가락이나 대나무 꼬챙이, 칫솔(강도는 보통) 등을 사용하여 긁으면서 떼어 낸다. 지나치게 뻣뻣한 브러시는 자칫 인골의 표면을 상하게 할 수 있으므로 이 작업에는 적합하지 않다.

인골은 부득이 한 경우를 제외하고는 절대 물로 세척해서는 안된다. 세척으로 인해 인골에 수분이 스며들면 건조될 때 수축되면서 표면과 내부에 균열이 생길 수도 있는데 이는 자료 파괴라 할 수 있을 정도로 잘못된 행위이다. 또한 세척을 해 버리면 뼈와 치아로부터 DNA 채취도 어려워진다. 한편 건조한 상태에서 흙을 제거하면 뼈 표면에 엷은 먼지가 남기도 하는데 관찰에는 아무런 문제가 없다.

흙을 제거한 인골은 개체별로 아래에서 제시하는 것처럼 수납 케이스에 넣어 보관한다.

다음으로 본격적인 인골 관찰에 들어간다.

∷ 출토인골을 관찰할 때에는 특별히 만든 관찰기록용 카드를 작성한다.

인골관찰에 대한 기록카드는 특별히 정해져 있는 양식 없이 연구자에 따라 다양한데 그 일례를 제시하면 14도와 같다.

기록카드의 체제가 다양한 이유는 관찰자에 따라 중점을 두는 포인트가 달라 결과적으로 주목하는 부분도 다르기 때문이다. 그러나 기본적인 정보, 예를 들면 인골의 유존부위와 성별, 연령, 병적 소견 등에 대한 정보는 어떠한 양식이라 하더라도 필수적이다. 이들 중에서도

∷ 인골의 유존부위에 대한 기록은 특히 중요하다.

예를 들면 출토된 인골의 우상완골에서 특정한 병적 소견이 관찰될 경우, 이에 대해서만 기록한다면 다음의 논의를 진행할 수 없다. 즉 반대쪽인 좌상완골은 어떻게 되어 있는지, 유존해 있지 않기 때문에 관찰할 수 없다는 것인지, 유존하고 있지만 병적 소견이 발견되지 않는다는 것인지를 분명히 할 필요가 있기 때문이다. 이러한 연구를 진행하기 위해서라도 정확하게 기록해야 한다.

다음은 사진 촬영에 관한 문제이다. 발굴조사 보고서 등에 게재된 인골사진은 대부분 인골을 감정한 인류학자가 촬영한다. 여기에서는 요점만 간단하게 설명하겠다. 사진촬영의 기본은 다른 일반적인 유물과 동일하다.

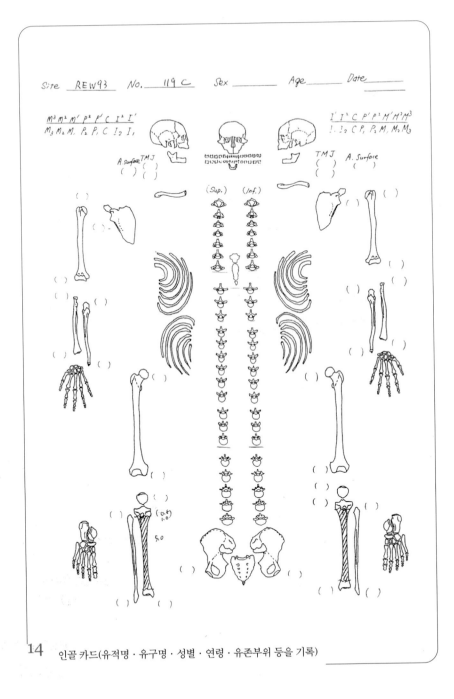

Site __REW93__ No. __119 C__ Sex _____ Age _____ Date _____

$M^3 M^2 M^1 P^2 P^1 C I^2 I^1$
$M_3 M_2 M_1 P_2 P_1 C I_2 I_1$

$I^1 I^2 C P^1 P^2 M^1 M^2 M^3$
$I_1 I_2 C P_1 P_2 M_1 M_2 M_3$

A. Surface TMJ
( )   ( )

TMJ A. Surface
( )   ( )

(Sup.)   (Inf.)

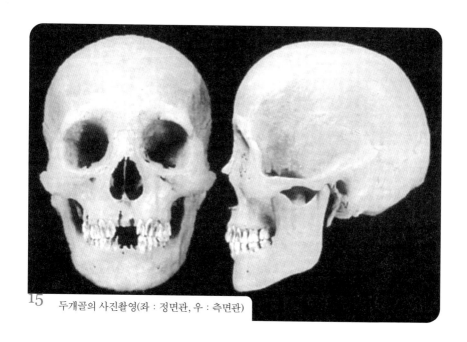

15 두개골의 사진촬영(좌 : 정면관, 우 : 측면관)

출토상태에 대한 촬영과는 달리 자료를 실내로 가지고 들어온 다음, 상지上肢 · 하지下肢 등의 부위별로 촬영한다.

:: 자료사진은 1점씩 촬영하는 것 보다는 몇 점씩 모아서 촬영하는 것이 효율적이다. 예를 들면 상완골만을 한 컷으로 찍을 것이 아니라 상완골과 요골橈骨, 척골 등을 모아 촬영하거나, 하지골의 경우에도 대퇴골 · 경골脛骨 · 비골腓骨 등을 함께 촬영하는 것이 좋다.
:: 다만, 두개골頭蓋骨은 반드시 1점만 촬영하며 정면正面=正面觀, 측면側面=側面觀 등 여러 방향에서 촬영해야 한다(15도). 왜냐하면 두개골은 형태학적으로 매우 중요한 부위이기 때문이다.
:: 물론 인골에만 한정되는 사항은 아니지만 안정된 평면에 잘 놓고 부자연스러운 그림자가 생기지 않도록 조명 등으로 조절하여 촬영한다.

그림자가 생기지 않도록 하기 위해 검은 천 등을 아래에 깔아 두는 것도 하나의 방법이다. 또한 토기 등의 촬영에 사용되는 투과광식透過光式의 촬영대에 인골을 놓고 조명을 조절하여 그림자를 없애는 방법도 좋다. 이러한 경우, 아래쪽 조명은 위쪽의 메인 조명보다 반 정도 약하게 촬영한다. 이렇게 하면 촬영대상물인 인골에 엷은 그림자가 생겨 보다 자연스러운 느낌이 든다.

두개골을 촬영 가능한 상태로 놓는 것은 아주 어려운 일이다. 왜냐하면 보통 두개골을 바닥에 내려놓으면 비스듬하게 기울어져 사진 촬영에 알맞지 않기 때문이다.

:: 두개골은 이안수평면耳眼水平面을 기준으로 놓고 촬영한다. 이안수평면이란 양쪽의 외이공外耳孔과 좌안와左眼窩 하연下緣의 세 점을 지나는 직선면을 말한다.
:: 이안수평면에 맞추어 두개골을 놓으면 정확하게 수평이 된다. 그러므로 이안면耳眼面을 기준으로 사진을 정면·측면·상면上面·저면底面에서 촬영하면 이상적인 사진을 촬영할 수 있다.

두개골의 수평을 맞출 때에는 천 등의 소재로 만든 도넛 모양의 「고리」를 아래에 놓으면 편리하다(수평침 등의 특수한 기구를 이용하기도 한다). 단, 보정을 위한 기구가 사진에 찍히지 않도록 해야 한다.

:: 두개골을 정면에서 촬영할 때에는 좌우의 안와眼窩 내에 그림자가 생기지 않도록 주의해야 한다.

촬영한 사진은 유존부위 등에 관한 기록과 함께 보고서에 게재한다. 다음으로 X선 사진에 대해서 설명하겠다.

:: 출토인골의 X선 사진은 시간과 경비의 여유가 있다면 많은 분량을 촬영하는 것보다 더 좋은 것은 없다.

X선 사진을 찍어 보면 통상의 상태에서는 잘 파악할 수 없는 소견을 얻을 수 있는 경우가 많기 때문이다. 내부를 볼 수 없는 미라 등은 CT스캔

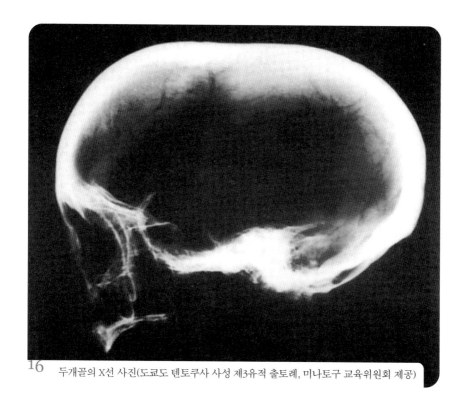

16 두개골의 X선 사진(도쿄도 텐토쿠사 사성 제3유적 출토례, 미나토구 교육위원회 제공)

과 함께 반드시 X선 촬영을 실시해야 한다.

:: 특히 병적 소견이 관찰되는 인골인 경우에는 X선 사진은 반드시 촬영하는 것이
좋다. 그것은 표면에 나타난 병변이 뼈의 내부深部에 어느 정도 파급되어 있는
지를 확인하는데 기본적인 정보가 되기 때문이다(16도).

X선 사진을 보는 방법은 아주 어려우므로 익숙해지기 전에는 어느 곳
에 병변이 있는지 알기 어렵다. 그러나 정상골正常骨의 X선 사진과 비교하
면서 가능한 한 많이 분석하여 익숙해지면 조금씩 인골의 병변을 파악할
수 있다. 이러한 일련의 작업을 마치면 조사보고서에 게재할 원고를 집필
하여 사진과 함께 출판한다.

조사보고서에 게재할 인골자료에 관한 보고를 작성하는 방법에 대해 구체적으로 설명하지는 않겠지만, 인골의 어느 부위가 잔존해 있는지를 비롯하여 뒤에서 설명할 연령의 추정과 성별의 판정, 병적 소견의 유무 등에 대해서도 작성해야 한다. 두개골의 계측치를 함께 게재하는 경우도 있다. 하지만 출토인골에 관한 업무는 원고를 제출하는 것만으로 완료되었다고는 할 수 없다. 앞으로 그 인골을 어떻게 보관·관리할 것인가 등 반영구적으로 이루어지는 작업이 시작된다.

소골에 대하여

출토된 인골 중에는 불에 탄 인골, 즉 소골燒骨이 있다(17도).

:: 출토인골의 경우 일률적이라고 할 수는 없지만, 뼈는 가열된 온도에 따라 색조가 변화되어 가는 경향이 있다. 특히 600℃를 경계로 뼈의 색깔은 흑~회백색이 되며, 무게는 40% 정도 가벼워진다. 이로 인하여 뼈 자체의 강도 역시 저하된다.

유적에서 발견되는 소골의 유존상태는 그리 나쁘지 않다. 왜냐하면 소성에 의해 단백질 등의 유기질 성분이 먼저 날아가 버리기 때문이다. 그러나 안타깝게도 소골의 대부분은 심하게 변형되거나 가루인 상태로 출토되기 때문에 부위동정이 아주 어렵다.

유적에서 출토되는 소골을 조사해보면 재미있는 사실을 알 수 있다. 고이즈미 히로시古泉弘에 의하면, 근세의 장골기藏骨器 중에는 도쿄도東京都 치요다구千代田區의 히토츠바시고교지점一ッ橋高校地點 출토사례와 같이 유체의 일부만을 구분하여 매장한 것으로 추정되는 예가 있다. 이러한 사례는 중세中世의 유적에서도 확인되는데 소골의 경우는 특정한 부위만을 선택

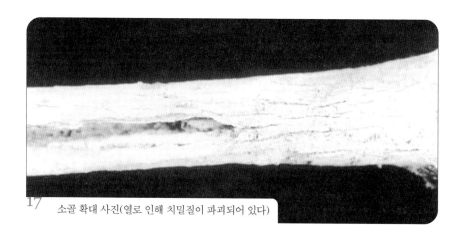

¹⁷ 소골 확대 사진(열로 인해 치밀질이 파괴되어 있다)

하여 매장하는 경우가 있다.

:: 소골을 잘 관찰해 보면, 가령 일률적으로 불을 받았다 하더라도 후두부^{後頭部}와 선골^{仙骨}의 후면^{後面}이 타지 않은 경우에는 유체가 죽은 후 그 자리에서 태워 매장되었을 가능성이 높은 것으로 추측할 수 있다.
:: 한편 후두부와 선골의 후면이 타 있고 뼈 자체의 변형 역시 큰 경우에는 일단 매장되었던 것을 차후에 파내어 다시 태운 것으로 추측할 수 있다.

현재 소골에 대한 연구는 거의 진행되지 않고 있지만 앞으로 소골에 대한 상세한 조사를 바탕으로 피장자의 연령 · 성별 · 사회적 계층에 의한 차이 등의 고찰도 중요한 연구 분야가 될 것이다.

파편을 관찰한다

유적에서 출토되는 인골은 완전한 형태로 출토되는 예가 오히려 드

두개골의 접합(두개골에 난 큰 구멍은 골병변에 의한 것)

물다고 할 수 있다. 인골은 어느 부위가 반드시 결손된 상태이거나 경우에 따라서는 모든 부위가 파편인 상태로 출토되는 것이 보통이다. 이 때문에 인골을 정확하게 관찰할 수 있기 위해서는 완형인 인골과 파편인 인골 모두를 가능한 한 많이 관찰하여 「인골은 이러한 형태이다」하는 것을 체득할 필요가 있다.

이는 필자들도 경험한 적이 있는데 파편인골을 복원해 나가다 보면 거의 완전한 형태의 자료가 되며 더 나아가서는 심지어 골병변骨病變까지 발견하는 경우도 있다(18도). 이러한 상황도 있기 때문에 파편의 동정작업同定作業은 중요하다.

파편이 된 토기를 그림퍼즐처럼 접합해 가는 것처럼 인골 또한 파편 복원이 가능하다. 특히 부위동정을 할 수 있게 되었을 때의 기쁨은 이루 말할 수 없다. 이는 경험한 사람이 아니고서는 느낄 수 없는 것으로 뭐라고 형언할 수 없는 뿌듯함이 있다. 그러나 안이한 접합은 절대 피해야 한다. 예를 들면 두개골 파편의 경우에는 당장 접합할 수 있다고 해서 자꾸만 붙여 나가다 보면 미묘하게 찌그러진 두개골이 되어 버리는데, 이렇게 되면 모든 파편이 존재한다고 하더라도 완전하게 복원할 수 없다. 때문에 복원할 때에는 찌그러지지 않도록 주의할 필요가 있다. 접합할 수 있는 파편을 모두 찾을 때까지 복원하지 않는 것도 하나의 방법이다.

인골의 보존처리

보존처리保存處理라는 것은 어떤 특정한 작업만을 일컫는 것은 아니며, 출토 후 상태가 악화되는 것을 방지하는(평형상태를 유지하는) 작업 전반을 말한다. 물론 보존처리가 어려운 유물도 있어 대다수의 고고학자들은 이러한 작업에 직접 관계하고 있지 않는 경우가 대부분이다. 그러나 어느 정도의 관련 지식은 상식적으로 가지고 있을 필요가 있다.

- :: 인골을 수습한 다음 라벨은 확실하게 붙이도록 한다. 라벨은 적어도 포장 용기(포장용의 신문지 등도 포함)의 안쪽과 바깥쪽에 반드시 붙인다.
- :: 보관상태가 좋지 않으면 라벨의 글자가 지워질 수도 있기 때문에 이러한 일이 없도록 유성펜으로 유적명·유구번호·그리드(Grid)번호 등을 정확하게 기입한다.
- :: 포장할 때에는 쿠션이 될 만한 보충재를 함께 채워 넣는 것이 좋으며 주변 환경이 급속하게 변화하지 않도록 온도와 습도 등의 환경조정環境調整도 함께 해야 한다.

실내로 인골을 가지고 들어오면 보존 상태에 따라 클리닝(Cleaning) 작업을 한다. 인골에 있어서는 앞에서 언급하였던 흙을 제거하는 작업이

이에 해당하는데,

:: 흙을 제거하는 데 있어 유념해야 할 것은 클리닝의 대상물(인골)을 지나칠 정도
   로 깨끗하게 할 필요가 없다는 것이다.

클리닝 작업은 그 자료를 앞으로 어떻게 활용할 것인가를 염두에 두
고 실시해야 하는 중요한 작업이다. 그렇기 때문에 만약 대상 인골자료에
서 DNA 등을 채취해야 하는 경우, 클리닝 작업을 실시하기 전에 DNA 분
석 전문 연구자와 충분히 상담한 후에 실시한다.

:: 인골에 대한 불필요한 세척행위는 DNA 추출 등을 방해한다.

보존상태가 불량한 인골에 합성수지를 도포하는 경우, 처리 이후 그
인골에서는 DNA를 추출할 수 없기 때문에 대상 자료가 정말 형태적 특징
을 메인으로 남기지 않으면 안되는지 등의 문제를 충분히 검토할 필요가
있다. 즉 인골 자료를 앞으로 어떻게 활용할지에 따라 작업방법과 내용이
달라지는 것이다.

:: 클리닝 작업을 실시하기 전 관련분야 연구자와의 협의는 필수적이다.

인골은 인류의 귀중한 유산 중 하나임에도 불구하고 수장장소^{收藏場所}
를 많이 차지한다는 등의 이유로 매장문화재 센터와 대학교의 연구실 등
에서 애물단지로 취급받는 경우가 많다. 또한 실제로 보관장소를 방문해
보면 보관은 하고 있지만 창고 등에 방치된 채로 있거나 심지어는 인골에
곰팡이가 피어 있는 경우도 있다.

인골이라는 특수성 때문에 보관하고 있다는 사실 조차 잊어버리는
담당자도 있는 것 같은데 가능하다면 곰팡이가 생기지 않았는지 자주 체
크해 주기 바란다.

보존처리는 「보존과학保存科學」이라는 학문과 관련되어 있다. 보존과학에서는 보존에 관한 다양한 실험이 이루어지고 있다. 즉 대상물인 유물이 어떠한 환경에서 어떻게 변화하는지 등의 실험이 실시되고 있다.

따라서 보존과학자가 아니라하더라도 유물을 취급하는 담당자는 그것을 어떻게 보관하는 것이 좋을지에 대해 생각해야 한다. 때로는 보존과학과 문화재과학文化財科學 등의 연구회와 학회 등에 참가하여 보존과학의 새로운 연구 성과에 관심을 갖는 것도 중요하다.

발굴조사에서 출토된 인골을 어떻게 보관 · 정리해야 할 것인지가 어떤 의미에서는 인골의 발굴이나 보고 이상으로 중요한 일이라 할 수 있다. 왜냐하면 보관 · 정리 작업이 어떻게 이루어지는가에 따라 장래에 다른 연구자가 그 자료를 활용할 수 있을지 결정되기 때문이다.

예를 들면 인골이 출토된 유적의 보고서를 간행하고 몇 년이 경과한 후에, 「○○유적에서 출토된 인골을 보여 주세요」 하는 학생이나 연구자가 있다면 여러분들은 어떻게 하겠는가? 주변에서 흔히 일어나는 일이지만, 「보고서에는 게재되어 있는데…, 도대체 이 인골은 어디에 보관되어 있지?」하는 경우가 있다. 당연히 이러한 일이 벌어져서는 안 된다.

일반적인 유물과 동일하다고 할 수 있는데,

:: 인골은 보관관리용 기록카드(또는 Data Base)와 함께 잘 분류하여 보관한다.

다음은 보관하는 상자에 관한 문제이다.

:: 인골의 보관에는 나무상자나 종이상자가 적당하다.

이러한 상자는 통기성이 있어 내부에 습기가 잘 차지 않으므로 곰팡이의 발생을 억제할 수 있다. 과거에는 주로 나무상자를 이용하였다. 나무상자는 튼튼하고 오래 사용할 수 있지만 무거운데다가 가격이 비싸다는

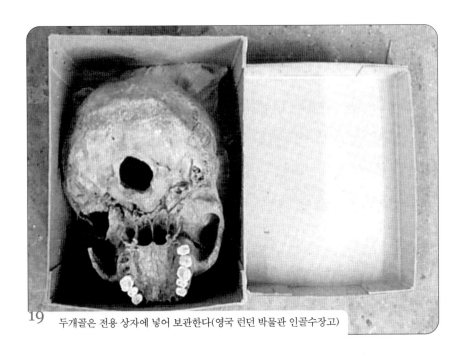

두개골은 전용 상자에 넣어 보관한다(영국 런던 박물관 인골수장고)

단점이 있다. 또한 종이상자 역시 특수 처리된 것(예를 들면 문서보관상자와 같이 습도관리를 할 수 있도록 가공한 것)은 가격이 비싸기 때문에 최근에는 마분지로 만든 보통의 종이상자를 사용하는 경우가 많다.

:: 상자는 대퇴골을 넣어도 충분하도록 세로 70cm×가로 30cm×깊이 30cm 정도의 것을 선택한다. 상자의 측면에 유적명 등을 기록한 라벨을 꽂을 수 있는 것이 좋다.
:: 라벨을 꽂을 수 없는 상자인 경우에는 라벨 대신 상자 겉면에 유성펜으로 직접 주기하거나 유적명 등이 표기된 스티커를 붙여도 된다.
:: 인골은 두개골과 나머지 부위를 나누어 보관한다.

이는 두개골이 인골계측 등의 작업에서 가장 중요한 부분인데다가 다른 부위와 함께 보관하면 파손될 우려가 있기 때문이다. 특히 두개골은 세로 22cm×가로 15cm×깊이 20cm 정도의 상자를 별도로 준비하여 보

20 인골은 1개체씩 상자에 넣어 보관한다(영국 런던 박물관 인골수장고)

21 인골의 수장상태(영국 런던 박물관 인골수장고)

관하도록 한다(19도).

:: 상자 1개에 1개체분의 인골만을 보관하도록 한다. 이는 개체끼리 섞이는 것을 방지하기 위한 것이다(20도).

다만, 전신골격이 갖추어져 있지 않은 인골인 경우에는 조금 작은 크기의 상자를 준비하여 수납하거나 전신골격이 갖추어져 있지 않은 개체만을 별도로 모아서(물론 개체별로 봉투에 넣어 다른 개체의 인골과 섞이지 않도록 하여야 함) 한 상자에 수납하도록 한다. 이와 관련된 여담이지만

:: 만일 여러분이 인골조사로 박물관 등을 방문하였을 경우, 1개체분의 인골에 대한 관찰을 마쳤다면 일단 반드시 그것을 원래의 상자에 되돌려 넣은 후 다음 상자의 인골을 관찰해야 한다.

인골에는 기본적으로 주기를 하지 않기 때문에 주의하지 않으면 관찰 중에 복수의 개체가 섞여 버릴 가능성이 있으므로 주의해야 한다.

인골에는 곰팡이가 생기기 쉽다. 필자들이 인골조사를 위해 방문한 여러 박물관과 대학교에서는 앞에서 말한 것처럼 인골을 종이상자에 보관하고 제습기를 하루 종일 켜놓고 있었다. 제습기의 크기와 건물의 상태에 따라 다르겠지만 더운 여름에는 제습기가 하루 만에 가득 차 버리는 경우도 적지 않다. 습기는 곰팡이를 부르기 때문에 습도관리에 특히 신경을 써야 한다.

인골의 파괴분석을 요구받으면

유적 발굴조사 담당자의 경우, 발굴에는 관계하지만 인골에서 DNA

를 추출하는 작업과 연구 등에는 직접 관계하지 않는다. 그러나 한편으로 DNA 분석 등에 적합한 자료를 그 분야의 연구자에게 제공하는 역할을 담당하고 있다. 특히 중요하다고 생각되는 고인골의 경우, 앞으로 DNA 추출을 요구받을 가능성이 있다.

예를 들면 DNA를 채취하기 쉬운 상·하악골上·下顎骨의 치근부齒根部 부근에는 합성수지를 도포하지 않거나 출토된 인골을 물에 담근 상태로 두지 않는 등 평상시에 주의하기만 하면 비교적 쉽게 DNA를 추출할 수 있다. 다만, 말할 필요도 없는 것이지만

:: 출토인골을 자료로 하는 DNA분석과 식성분석食性分析은 파괴분석이다. 즉 분석의 대상이 되는 자료는 원래의 상태로 되돌릴 수 없다.

그렇기 때문에

:: 분석 담당자와 자료 제공자는 자료를 제공하기 전에 자료채취의 형태에 대해 긴밀한 대화를 나누어야 한다. 특히 자료를 채취하는 연구자는 어느 부분에서 어느 정도의 양을 채취할 것인지를 자료 제공자에게 상세하게 설명할 필요가 있다.

이러한 사실을 고려한다면,

:: 분석대상이 되는 자료의 채취는(인골을 분석실로 가져와서 할 것이 아니라) 가능하면 자료 제공자가 보고 있는 장소에서 실시하는 것이 바람직하다.

연구자와 자료를 제공하는 담당자 간에는 정식의 서류를 작성해 둘 필요가 있다. 그렇게 하지 않으면 인골자료에 예상하지 못했던 크기의 구멍을 뚫어 버리는 등 서로 곤란한 상황이 발생할 수도 있다.

현재의 분석 수준으로는 인골에 분석가능한 양의 DNA가 남아 있는지 조차 실제로 분석해 보지 않으면 알 수 없다. 자료를 제공한다 하더라도 제공자의 기대에 미치지 못하는 성과가 나올 가능성도 충분히 고려해

야 한다. 하지만 인골에서 DNA를 추출하는 연구는 이제 막 시작되었을 뿐이다. DNA분석에 대해서는 제5장에서도 다루겠지만 고고학의 발전이라는 관점에서 본다면 아주 중요한 연구 분야 중 하나이다.

유체에 경의를 표하다

인골은 원래 유체이다. 때문에 우리들은 그 인골에 대해 경의를 표할 필요가 있다. 지극히 당연한 것이지만 우리들이 세상을 떠날 때의 일을 생각한다면 결코 잊어서는 안 될 것이다.

유체로서의 출토인골은 종종 갈등의 원인이 되기도 한다. 예를 들면 몇 년 전 미국에서는 박물관에 보관하고 있던 인디언 원주민의 인골을 자손들의 요청으로 묘지에 재매장했던 적이 있다. 이는 인골이 가지는 유체로서의 측면을 강하게 의식한데서 비롯된 일이라 하겠다.

일본에서도 특히 근세묘지 등에서는 피장자가 소속되었던 취락과 피장자 자신을 특정할 수 있는 경우가 있다. 이러한 경우, 해당 인골의 취급에 특별한 주의가 필요하다. 인골은 아니지만 최근 인체의 장기 등을 전시하는 특별전이 여러 곳에서 개최되고 있다.

인체의 불가사의를 강조하고 있다는 점에서는 지금까지 개최되었던 대부분의 전람회와 같지만 그 중에는 실물의 인체를 조각상과 같은 포즈를 취하게 한다거나 자전거를 타게 하는 등 과연 이렇게까지 할 필요가 있을까하는 생각이 들 정도의 전시를 하고 있는 경우도 볼 수 있었다.

인체에 대해 친밀감을 준다는 점에서 전혀 의미가 없다고 할 수는 없지만 적어도 유체를 기증하였던 사람들은 유체가 그러한 모습으로 전시될 것이라고는 생각하지 못했을 것이다. 그곳에서는 유체에 대한 아무런 경의도 표하고 있지 않다고 생각할 수밖에 없다.

　일반적으로 사람들의 이해를 구하거나 의학적 연구를 진행하기 위해서는 시체기증이 아주 중요하다. 그러나 이러한 전시를 보면 유체가 모욕당하고 있다고 밖에는 생각되지 않는다. 그러한 측면에서 상기한 전람회는 분명 마이너스로 작용하고 있으며 올바른 행위가 아니다.

　해부학자인 요로 타케시養老孟司가

　「전시되어 있는 인체는 나와 전혀 무관한 사람이 아닙니다. 바로 여러분 자신입니다」라 지적했던 적이 있다.

　유체의 전시에 대해서는 찬반양론이 있지만 이러한 이야기에 귀 기울인다면 역시 유체에는 정중하게 경의를 표해야 함을 재인식하게 된다. 인골도 마찬가지이다. 뒤에서도 언급하겠지만 우리들은 출토인골을 매장문화재임과 동시에 고고학을 연구하는데 있어 보물 창고와 같은 존재로 생각하고 있다. 그러나 인골 역시 유체이므로 그 취급에는 신중해야 한다. 인골 취급이 익숙해지면 인골을 연구대상(단순한 유물)으로만 생각하게 될지도 모르지만 어떠한 경우라도 항상 주의가 필요하다.

02 인골로부터 알 수 있는 것

고고학을위한고인골조사연구편

뼈란 무엇인가?

뼈란 무엇인가?

:: 뼈는 무기질인 칼슘(인산칼슘 또는 탄산칼슘)을 중심으로 이루어져 있다. 교원섬유膠原纖維라는 단백질도 뼈 자체를 만드는 데 일역을 담당하고 있다.
:: 뼈는 골질骨質 · 골막骨膜 · 골수骨髓 · 관절연골關節軟骨 4가지로 구분할 수 있다(22도).

골질은 우리들이 보통 「뼈」라고 부르는 것으로, 예를 들면 우리들이 프라이드 치킨을 먹을 때 볼 수 있는 부분을 말한다.

유적에서 출토되는 대부분의 인골은 골질 부분만 유존해 있다.

:: 골질은 치밀골-질緻密骨-質과 해면골-질海綿骨-質로 구분할 수 있다(23도).

치밀골은 뼈의 바깥쪽에 해당한다. 이는 피질골皮質骨이라 부를 정도로 단단하며 해면질로 구성되어 있는 골수를 덮고 있다.

해면골은 치밀골의 안쪽에 있다. 골막은 피질골 주변에 있는 섬유성

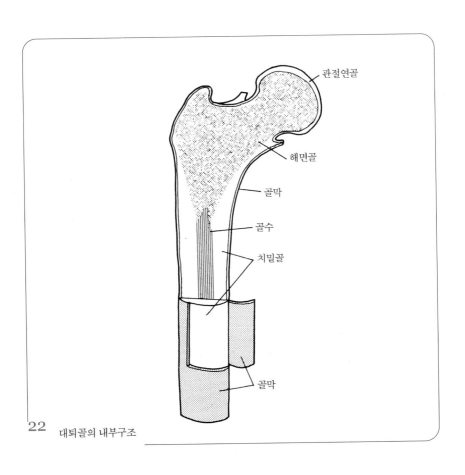

관절연골

해면골

골막

골수

치밀골

골막

22 대퇴골의 내부구조

의 결합조직이며 혈액을 만드는 골수는 해면골 안에 있다. 치밀골 안에는 하버스관(Haversian canal)과 폴크만관(Volkmann's canal)이 있다. 하버스관 내부에는 뼈의 장축방향(세로방향)으로 모세혈관과 세細동정맥이 들어 있다.

폴크만관은 가로방향으로 나 있으며 하버스관과 연결된다.

치밀골에는 하버스관을 중심으로 동심원상으로 되어 있는 층상의 원주구조가 보인다. 이 원주구조 하나하나를 오스테온骨單位(Osteon)이라 한다. 오스테온의 수는 가령加齡과 함께 증가한다. 때문에 현미경으로 오스

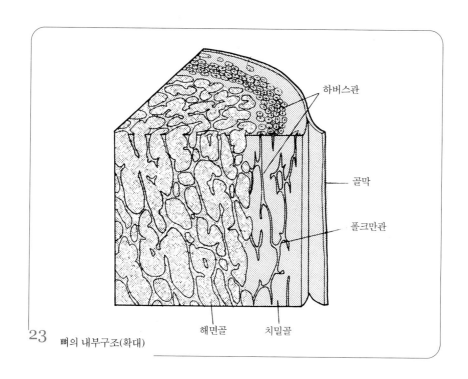

하버스관

골막

폴크만관

해면골   치밀골

23 뼈의 내부구조(확대)

테온을 관찰하면서 그 수를 세어보면 해당 개체의 연령을 어느 정도 추정할 수 있다.

리모델링(Remodeling)

뼈는 아주 단단하다. 때문에 한 번 형태가 형성되면 다시는 그 형태가 변형되지 않는다고 생각하는 사람이 많다. 그러나 이는 아주 잘못된 생각으로,

:: 뼈는 살아 있는 동안에 파괴와 형성이 밸런스 있게 잘 이루어지며 계속해서 만들어진다.

이러한 현상이 발생하는 이유는 뼈의 강도를 유지하기 위해서이다.

뼈는 우리의 몸을 지탱해야 하기 때문에 어느 정도의 강도가 필요하다. 그런데 태어나면서부터 계속 동일한 뼈를 사용한다면 강도의 유지는 어려워진다.

예를 들면 골절^{骨折} 등의 외상을 입었을 경우, 뼈가 재생되지 않으면 계속 부러진 채로 치유되지 않는다. 이와 같이 뼈는 살아 있는 동안 역학적 부하에 견뎌낼 수 있도록 계속해서 새롭게 만들어진다.

:: 뼈를 만드는 데는 우선 원래의 뼈를 조금 파괴해야 한다. 이는 건물을 증개축할 때 기존의 건물을 약간 부순 후 짓는 것과 같다. 즉 뼈가 만들어지기 전에 약간 파괴된 후 뼈가 만들어지는데 이러한 일련의 활동을 「파괴破壞와 조성造成」이라 한다.

뼈의 파괴와 조성과 관련된 일련의 활동을 「리모델링(Remodeling)」이라고 부른다. 인간의 뼈 중 약 3~5%는 항상 리모델링을 반복하고 있다. 그 결과 인간의 전신골全身骨은 3~5년 만에 완전히 새로운 뼈로 바뀌게 된다. 이러한 뼈의 파괴와 조성 활동은 살아 있는 동안 계속해서 밸런스를 유지한다. 또한 이러한 일련의 활동이 잘 이루어지지 못하면 구루병佝僂病이나 골조송증骨粗鬆症 등에 걸린다.

인체의 방향표기

인간의 몸人體에는 살아가는 데 필요한 것이 빠짐없이 들어 있다. 왜냐하면 인간의 몸은 호흡·소화·흡수 등 모든 활동을 효율적으로 할 수 있도록 구성되어 있어 불필요한 것이 하나도 없기 때문이다. 흔히 신장腎臟은 2개 있으니까 하나를 떼어내도 괜찮다고 하지만 문제가 전혀 없다고는 할 수 없다.

이 책은 인골을 주제로 하고 있기 때문에 내장과 근육 등 연조직軟組織에 대해서는 상세하게 다루지 않겠다. 고고학을 전공하는 사람들이 유적을 발굴할 때 마주치게 되는「인골」에 초점을 맞추어 이야기를 진행하고자 한다.

:: 인체는 크게 체간體幹과 체지體肢(상하지上下肢)로 나눌 수 있다.
:: 체간와 체지의 경계는 상지의 경우 견갑골肩甲骨과 상완골 사이, 하지의 경우 관골寬骨과 대퇴골 사이이다.

체간, 특히 흉곽부胸郭部에는 심장心臟을 비롯한 다양한 장기가 들어 있으며 늑골과 흉골胸骨 등에 의해 보호되고 있다. 상지와 하지는 운동기능과 직접적인 관계가 있다. 또한 하지는 체중을 받쳐주는 역할도 한다.

인간의 몸을 이해하는 데는 일련의 용어가 있다. 이러한 용어는 처음에는 다소 어렵지만 익숙해지면 오히려 쉽고 편리하게 사용할 수 있다. 우선 인체의 위치와 방향에 대해서 살펴보자(24도). 우리들의 몸은 보통 직립해 있을 경우, 가장 위는 머리, 가장 아래는 다리이다.

:: 직립했을 때의 상태를 기본으로 머리 쪽을 두측頭側 또는 상방上方이라고 하며, 이에 대해 아래쪽을 미측尾側 또는 하방下方이라고 한다.

과거 인간의 엉덩이에도 꼬리가 달려 있었다. 현재는 미골尾骨이라는 작은 뼈만 남아 있는데 하방을 미측이라 일컫는 이유는 이러한 데서 유래하였기 때문이다. 또한 인간의 몸은 종방향縱方向과 횡방향橫方向으로 구분할 수 있다.

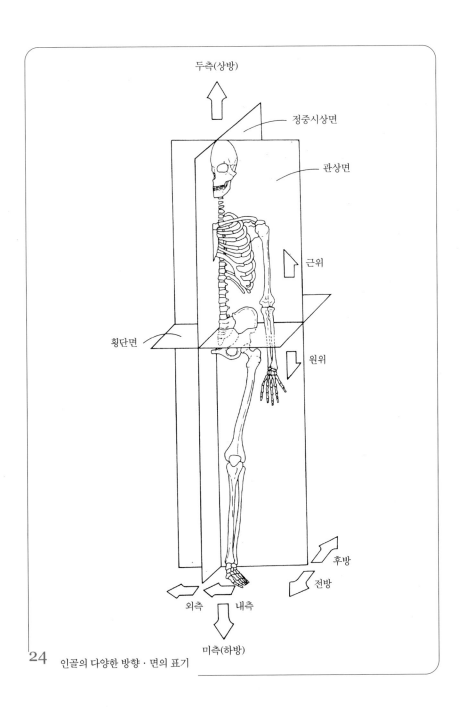

:: 종방향으로 몸을 자를 때, 단면^{斷面}이 되는 면을 시상면^{矢狀面}이라고 한다. 시상면 중 몸을 좌우 대칭으로 자를 때 생기는 면을 정중시상면^{正中矢狀面}이라고 한다.

:: 횡방향으로 몸을 자를 때, 횡단^{橫斷}이 되는 면을 횡단면^{橫斷面}이라고 한다. 병원에서 CT사진을 본 적이 있을 텐데 이는 인체의 횡단면을 보는 것이다.

:: 인체를 전후로 정확히 이분할 했을 경우, 배 쪽을 복측^{腹側} 또는 전방^{前方}이라고 한다. 이에 대해 등 쪽을 배측^{背側} 또는 후방^{後方}이라고 한다.

:: 정중^{正中}의 축^{軸}에서 좌우방향(바깥)으로 벗어나는 부분을 외측^{外側}이라고 하며, 정중의 축에서 좌우방향(안쪽)으로 가까워지는 부분을 내측^{內側}이라고 한다.

또한

:: 심장 등의 장기를 기점으로 하여 가까운 곳을 근위^{近位}, 먼 곳을 원위^{遠位}라고 한다.

인류학자나 의사들은 곧잘 「상완골 원위 외측에 만성골수염의 소견이 있습니다」와 같은 표현을 하곤 한다. 이는 상완골의 양단^{兩端} 중 심장으로부터 먼 부분(주관절^{肘關節}에 가까운 부분), 정중축보다 외측의 부위에서 골수염의 소견이 확인되었다는 것을 의미한다. 어느 부위에 해당하는지 한 번 만져보자. 다소 복잡한 것 같지만 이러한 용어를 사용하면 인골 부위를 정확하게 표현할 수 있기 때문에 익숙해지면 오히려 편리하다. 이러한 표기법에 대해 실제로 자신의 몸과 주위 사람들의 몸을 서로 잘 관찰하여 익숙해지도록 한다.

치아에도 이와 동일한 표기법이 사용되는데 이에 대해서는 치아에 대한 부분(이 책 제3장 중 「치아의 방향표기」)에서 자세하게 다루도록 하겠다.

사람의 뼈

「사람은 몇 개의 뼈로 이루어져 있습니까?」라는 질문을 자주 듣곤 한 다. 이러한 질문에 대해 「성인의 경우, 약 200개로 이루어져 있습니다」라 고 대답하는 것이 가장 정확한 표현이다. 왜냐하면 사람에 따라 요추腰椎 나 미골의 수가 적거나 두개골 부위 중의 일부(잉카골역주4) 등)가 많기 때 문이다. 그러므로 사람의 뼈가 정확히 몇 개라고 단정적으로 말할 수는 없 다. 이러한 뼈의 개수 차이는 살아가는 데 별 지장이 없다. X선 촬영을 할 때, 뼈의 개수가 「다른 사람과 다르다」는 의사의 말에 걱정하는 사람도 있 는데 그럴 필요는 전혀 없다.

아이의 뼈 수는 성인의 그것보다 더 많다. 이것은 뼈가 아직 완전히 성장하지 못한 것과 관계되는데 아이의 뼈는 골화骨化되어 성인의 완성된 뼈로 되어가는 중에 있기 때문이다.

예를 들면 미성인의 뼈에는 대퇴골 등 장골의 골간과 골단骨端 사이에 연골로 이루어진 골단선骨端線이 있다(25도). 이때의 대퇴골은 1개의 골간 과 근·원위의 골단, 모두 3개의 뼈로 이루어져 있으며 이 뼈들의 성장에 따라 골간과 골단의 사이에 있는 연골이 차츰 뼈로 바뀌어 결국에는 하나

역주4) 잉카골(잉카봉합)이란 두개골의 비계측적 소변이(非計測的 小變異) 중 일항목으로 두 정골과 후두골이 만나는 봉합부분에 다수의 소골(小骨)이 복잡하게 연결되어 있는 것 을 말하는데, 고대 잉카 지역에서 출토되는 인골에서 출현빈도가 높다고 하여 이를 '잉카골' 또는 '잉카봉합'이라고 부른다. 우리나라에서는 김해 예안리고분군에서 출 토된 여성 인골 1개체에서 잉카골이 관찰된 것으로 보고되고 있다.
金鎭晶 외, 1993,『金海 禮安里古墳群』II,「VIII. 金海 禮安里古墳群 出土人骨(II)」, 釜 山大學校 博物館.(318~322쪽)
한편 잉카골 외에도 두개골의 부위 중 일부에서 소골(小骨)이 포함되어 있는 경우가 있는데 대표적인 비계측적 소변이 항목으로는 람다(lambda)소골, 아스테리온 (asterion)골, 후두유돌(後頭乳突)봉합, 전두(前頭)봉합, 두정절흔골(頭頂切痕骨) 등을 들 수 있다.

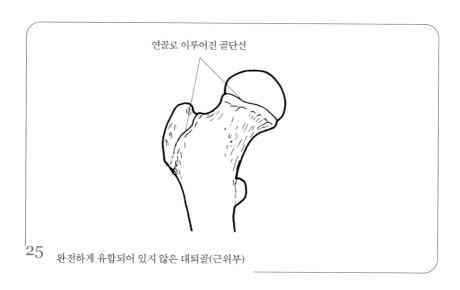

25 완전하게 유합되어 있지 않은 대퇴골(근위부)

의 뼈가 된다. 따라서 이러한 골화 시기를 참고하면 미성인골에 대한 연령 추정이 가능하다.

뼈의 종류

사람의 뼈는 다양한 형태를 하고 있다.

:: 뼈는 형태적 특징을 기준으로 크게 장골, 단골短骨, 불규칙골不規則骨, 편평골扁 平骨 4가지로 구분할 수 있다.

장골은 가늘고 긴 뼈를 말한다. 예를 들면 상완골, 전완골, 대퇴골 등 이 이에 해당한다. 단골은 짧은 형태나 타원형의 콩과 같은 형태의 뼈를 말한다. 종골踵骨과 수근골 등이 이에 해당한다. 불규칙골은 어떤 형태인지 설명하기 어려운 불규칙한 뼈를 말하는데, 그 예로는 상악골上顎骨과 추골椎骨 등을 들 수 있다. 편평골은 말 그대로 편평한 뼈를 의미한다. 두개골을 구성하는 두정골頭頂骨 · 전두골前頭骨 등이 이에 해당한다. 출토인골은 완전한 형태로 유존해 있는 경우가 거의 없다. 때문에 출토된 뼈가 도대체 어느 부위의 뼈인지 알 수 없는 때도 가끔 있다. 이러한 경우, 예를 들어 그것이 장골의 파편이라는 사실 밖에 알 수 없다면, 보고서에는 「장골편 ○점」이라고 기재하는 것이 일반적이다.

인골로부터 알 수 있는 것

인골로부터는 어떠한 것들을 알 수 있을까? 중요한 것은 인골은 인체의 일부이지 전부가 아니라는 사실이다. 때문에 인골로부터 생존시의 모든 정보를 얻을 수 있는 것은 아니다. 하지만 인골은 간단히 무시할 수 있는 대상이 아니다.

다음은 인골의 잔존상태가 양호하다면 아주 정확하게 밝혀낼 수 있는 항목들이다.

예를 들면,

성별
연령
신장身長
안면顔面형태와 대강의 체형
감염증感染症 등의 질환력疾患歷
임신妊娠의 유무(여성 인골의 경우)
혈연관계血緣關係
매장방식埋葬方式

등 이다.

대구치大臼齒의 맹출萌出 여부로 6~12세까지의 연령을, 관골이 유존해 있으면 성별을, 대퇴골 등의 장골이 거의 완전한 상태로 남아 있으면 신장을 알 수 있다.

당신은 몇 살입니까?

우리들의 육체는 나이가 들어감에 따라 조금씩 변해 간다.
연령은

태아胎兒(출산 전)
유아乳兒(0~1세 미만)
유아幼兒(1~5세)
소아小兒(6~15세)
성년成年(16~19세)
장년壯年(20~39세)
숙년熟年(40~59세)
노년老年(60세 이상)

과 같이 구분할 수 있다. 역주5)

살아 있는 사람의 경우, 그 사람이 몇 살인지 알아내는 것은 별로 어렵지 않다. 그 중에는 보기보다 젊게 보이는 사람과 그 반대인 사람도 있다. 그렇다 하더라도 만일 33세인 사람이 나이를 크게 속여 23세라고 한다면 눈 아래의 피부상태를 보면 그것이 사실인지 아닌지를 금방 알 수 있다. 왜냐하면 33세인 사람의 피부 상태는 실연령(실제 나이)이 23세인 사람과는 크게 다르기 때문이다.

이처럼 피부 등의 연부 조직을 관찰할 수 있다면 나이를 크게 속일 수 없다. 그러나 이것이 인골 상태가 되어버리면 경우에 따라서는 나이를 큰 폭으로 속이는 것도 가능해진다.

연령추정 방법

인골로부터 연령을 추정하는 데는 몇 가지의 방법이 있다. 여기에서는 이들 중 골화의 시기, 치아의 맹출시기, 치골결합면恥骨結合面의 형태변화를 대상으로 어떻게 연령을 추정하는지 알아보자.

역주5) 현재 한국의 학계에서는 본문에서 필자들이 제시한 연령구분 대신 주로 다음의 구분 기준을 사용하고 있다.(만 연령 기준)
- 생후 1개월까지 - 신생아(新生兒)
- 1세 미만 - 유아(乳兒)
- 1~5세 - 유아(幼兒)
- 6~11세 - 소아(小兒)
- 12~19세 - 약년(若年)
- 20~39세 - 성년(成年=장년(壯年))
- 40~59세 - 숙년(熟年)
- 60세 이상 - 노년(老年)

한편 성년과 숙년은 20년을 각각 10년 단위로 세분하여 전·후반으로 구분하는 경우도 있다(예를 들면 성년 전반, 숙년 후반 등). 또한 유존부위의 한계로 성인골인지 미성인골인지의 구분만 가능한 경우에도 이를 명기하여 구분하고 있다. 따라서 조사보고서에는 반드시 어떠한 기준으로 연령을 구분하였는지가 제시되어야 하며 이를 이용하는 연구자 역시 이러한 구분기준을 고려하여 연구를 진행하여야 한다.

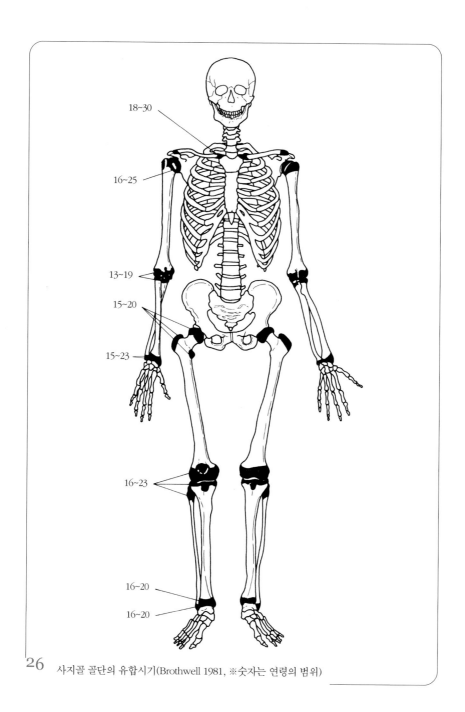

18~30

16~25

13~19

15~20

15~23

16~23

16~20

16~20

사지골 골단의 유합시기(Brothwell 1981, ※숫자는 연령의 범위)

연골의 골화

인간의 뼈도 나이가 들어감에 몸과 함께 변화해 간다. 성장기의 뼈는 그 자체가 커지거나 연골에서 뼈로 변화하면서 커지게 된다. 이 중 연골에서 뼈로 변화하는 것을 「연골의 골화」라고 하는데, 이는 연령추정에 이용된다. 연골이 골화되는 시기는 개별 뼈마다 대강의 시기가 정해져 있다. 따라서 이를 기초로 하면 어느 정도의 연령 추정이 가능하다(26도).

예를 들면,

:: 상완골의 근위단은 16~25세 정도에 유합癒合된다. 때문에 상완골의 근위단이 유합되어 있지 않은 경우, 그 사람의 연령은 16~25세 보다 낮은 연령으로 추정할 수 있다.

골화된 뼈 중 쇄골鎖骨 내측의 골단 유합은 가장 늦게 이루어진다. 쇄골은 늦은 사람의 경우, 30세 중반 무렵이 될 때까지 골화가 완료되지 않는 경우도 있다.

치아의 맹출

일찍이 의학자인 노구치 히데오野口英世가 언급한 것처럼 연령의 「령齡」은 부수글자가 「치齒」인 것에서도 알 수 있듯이 치아는 연령과 불가분의 관계에 있다. 때문에 치아의 발생發生 · 가령加齡변화를 관찰하면 신뢰성이 높은 연령추정을 할 수 있다.

치아가 돋아나는 시기(맹출시기)는 각 치아별로 대강 정해져 있다(27도). 따라서

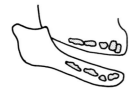

출생~2개월 전후
- 치아는 아직 돋아나지 않지만 성장단계에 있는 치아가 상·하악의 치조 내에 있다.

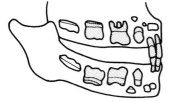

1세~1세 4개월 전후
- 절치가 돋아난다.
- 절치·견치·제1대구치의 치관이 형성되며 바르게 돋아나기 위한 준비가 이루어지는 중이다.

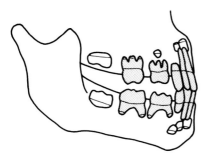

2세~3세 2개월 전후
- 중절치는 7~9개월, 측절치는 8~11개월, 제1대구치는 15~20개월, 제2대구치는 22~26개월 정도에 돋아난다.
- 제1대구치(영구치)의 치관은 거의 완전한 상태가 된다.

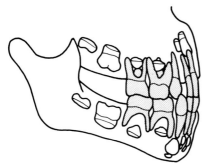

4세~5세 전후
- 유치가 모두 완성된다.
- 제2대구치(영구치)의 치관이 형성단계에 있다.
- 제3대구치를 제외한 모든 영구치가 돋아나기 위한 준비가 이루어지는 중이다.

※ 유치는 음영으로, 영구치는 흰색으로 표시

27-1 치아의 맹출시기(Ubelaker 1978)

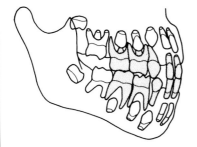

6세~ 8세 전후
● 제1대구치(영구치)가 돋아난다.
● 절치(영구치)는 돋아나기 위한 준비가 이루어진다.
● 제2대구치(영구치)는 돋아나기 위한 준비가 이루어지는 중이다.

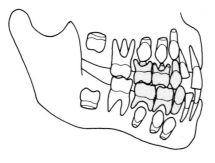

8세~10세 전후
● 절치(영구치)가 돋아난다.
● 제1대구치(영구치)의 치근이 완성된다
● 견치 · 소구치 · 제2대구치(영구치)의 치근이 완성되는 중이다.

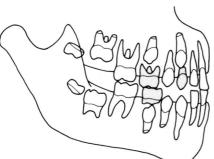

10세~12세 전후
● 유치는 대부분 없어진다.
● 제3대구치(영구치)가 돋아날 준비가 이루어지는 중이다.

27-2 치아의 맹출시기(유치와 영구치가 혼재하여 맹출)

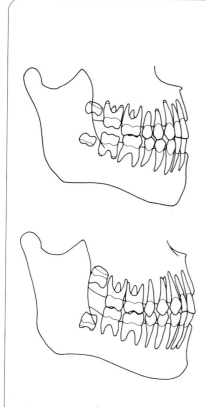

12세~15세 전후
- 유치는 완전히 빠지고 없다.
- 제2대구치가 돋아난다.
- 제3대구치의 치관이 완성되는 중이다.

15세~17세 6개월 전후
- 제3대구치를 제외한 모든 치아의 치근이 완성된다.
- 제3대구치의 치근이 완성되는 중이다.

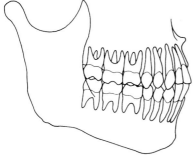

21세 이상
- 32개의 치아가 모두 돋아나 있다.(단, 제3 대구치는 돋아나지 않는 사람도 있다).
- (식성에 따른) 치아의 교모가 시작된다.

27-3 치아의 맹출시기(영구치로만 구성)

:: 성장단계에 있는 사람인 경우, 치아의 유존상태가 양호하면 연령추정이 가능하다.

치아는 생후 6개월 무렵부터 돋아나기 시작한다(하악^{下顎}의 중절치^{中切齒}). 다음으로 상악의 절치^{切齒}(중절치와 측절치^{側切齒}의 순서)가 나며 생후 2년에서 2년 반 무렵에는 유치^{乳齒}가 모두 돋아난다. 그 다음 영구치^{永久齒}가 돋아나는데 가장 처음 돋아나는 것이 제1대구치이다. 제1대구치는 6세 무렵에 돋아난다. 때문에 이 치아를 6세 구치라고도 부른다. 그 후 당분간은 유치와 영구치가 혼재하는 상태가 계속된다.

11~12세가 되면 제2소구치^{小臼齒}와 견치^{犬齒}를 마지막으로 모든 치아는 영구치로 변하며 유치는 거의 없어진다. 제2대구치는 12~15세 무렵에 돋아난다. 제3대구치(사랑니)는 15~28세 무렵에 맹출하는 경우가 많다. 그러나 제3대구치는 나지 않는 사람도 있기 때문에 정확한 맹출시기는 불명이다.

치골결합면의 형태적 특징

어느 정도의 연령까지 성장한 개체 즉 성장기가 지나버린 성인은 앞의 두 방법으로 연령을 추정할 수 없다.

치골^{恥骨}은 관골의 일부로 복측에 있다. 치골은 좌우에 하나씩 있으며 반대쪽의 치골과는 연골에 의해 결합되는데 연골과 결합하는 부분에 만들어지는 결합면을 「치골결합면」이라고 한다.

:: 치골결합면은 나이가 들어감에 따라 요철이 있는 울퉁불퉁한 면에서 평활^{平滑}한 면으로 변화해 간다.

평행융선

제1단계 15~20세대 전반이하
- 치골결합면 전체에 분포되어 있는 평행융선을 분명하게 확인할 수 있다.
- 치골결합면의 경계는 불명확하다.

골성의 소결절

제2단계 30세대 전반이하
- 치골결합면 전체에 분포되어 있는 평행융선의 정도가 약해진다.
- 치골결합면의 상단부에 골성의 소결절이 출현한다.

복측 경계

제3단계 40세 이하
- 치골결합면의 복측 경계가 분명해진다.
- 퇴행성 변화의 하나인 골다공성 변화는 확인할 수 없다.

제4단계 60세 이하
- 치골결합면의 형태가 달걀형이 된다.
- 퇴행성 변화의 하나인 골다공성 변화는 확인할 수 없다.

복측 · 배측 경계

제5단계 70세대 후반 이하
- 치골결합면의 경계가 복측 · 배측 모두 분명해진다.
- 복측에서는 불규칙한 골다공성의 변형을 확인할 수 있다.
- 치골결합면은 닳은 것처럼 거칠어진다.

불규칙적 골다공성 변화

제6단계 80세대 전반 이하
- 치골결합면의 전체가 평탄한 것에서 부정합한 것으로 변화한다.
- 치골결합면의 복측 경계가 불분명해진다.
- 치골결합면 전체에서 불규칙한 골다공성의 변화를 확인할 수 있다.

28 가령에 따른 치골결합면의 형태적 특징(Katz and Suchey 1986)

이러한 치골결합면의 형태적 특징을 이용한 연령추정은 관찰자의 실력에 따라 좌우되지만 꽤 신뢰성이 높은 방법이다. 때문에 이 부위를 이용하면 조금 더 정확한 연령을 추정할 수 있다(28도). 그렇지만 아쉽게도 이 부위는 출토인골에서 유존해 있는 예가 아주 적으며 유존하더라도 관찰부위가 결손된 경우가 많다는 단점이 있다.

이외의 연령추정 방법

이외에도 연령추정에는 치아의 교모咬耗 역주6) 등이 이용된다. 치아가 교합咬合되는 부분을 교합면咬合面이라고 하는데 이는 나이가 들어감에 따라 마멸磨滅되어 간다. 때문에

역주6) 필자들은 이 책에서 치아의 교모와 마모(磨耗)를 구분하지 않았으나 일반적으로 치아의 '교모'라 함은 음식물 섭취를 위한 교합운동(또는 저작운동)에 의해 생긴 치관부의 마멸을 의미하며, 치아의 '마모'는 치아를 일종의 관습에 의해 인공적으로 마멸시키는 것을 의미한다. 따라서 역자는 내용의 의도에 맞게 원문의 일부 단어를 교정하였음을 밝힌다.
한편 치아의 교모도를 이용한 연령추정 방법에는 여러 가지가 제시되고 있으나, 학계에서는 이 책 29도에 제시된 브로스웰(Brothwell)법 외에도 마틴(Martin)법, 토치하라(栃原)법, 타케이(竹井)법 등을 주로 사용하고 있다.
교모(도) 분석의 주대상은 제1·2대구치이며 가급적 상·하악의 좌·우 모두를 관찰하여 추정하는 것이 좋다. 하지만 필자들도 본문에서 언급하였듯이 치아의 교모(도)는 집단이나 개인의 고유한 식습관이나 음식물에 영향을 받으므로 이에 대한 충분한 고려가 필요하다. 그렇다 하더라도 유적에서 출토되는 인골의 치아는 유존률이 높은 부위 중 하나이므로 대상자료의 확보가 용이하다는 장점이 있어 연령추정에 널리 이용되고 있다.
D. Brothwell, 1981, 『Digging up bones』, Cornell University Press.
R.Martin & K.Saller, 1957, 『Lehrbuch der Anthropologie』3, Aufl. G. Fisher, Stuttgart.
栃原博, 1957, 「日本人齒牙の咬耗に關する硏究」『熊本醫學會雜誌』第31卷 補冊4.
竹井哲司, 1970, 「齒の咬耗による年齡の推定」『日法醫誌』24(1).
_____, 1981, 「齒の咬耗による年齡の推定(第2報)」『日法醫誌』35(5).

연령	17~25세			25~35세		
대구치의 종류	제1대구치	제2대구치	제3대구치	제1대구치	제2대구치	제3대구치
치아의 교모패턴	(또는)	(또는)	• 상아질은 노출되지 않음. • 에나멜질의 교모는 약간 있음.	(또는)	(또는)	(또는)

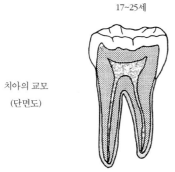

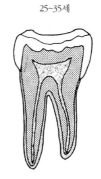

치아의 교모
(단면도)

17~25세 25~35세

29-1 가령에 따른 치아의 마멸 상태(Brothwell 1981)

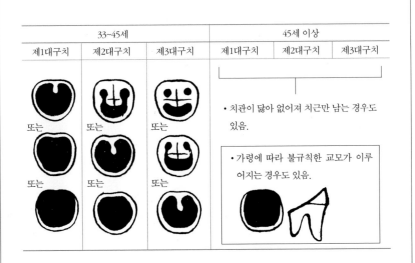

33~45세			45세 이상		
제1대구치	제2대구치	제3대구치	제1대구치	제2대구치	제3대구치

• 치관이 닳아 없어져 치근만 남는 경우도 있음.

• 가령에 따라 불규칙한 교모가 이루어지는 경우도 있음.

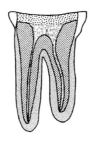
33~45세

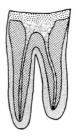
45세 이상

29-2 가령에 따른 치아의 마멸 상태

:: 치아 교합면의 마멸상태를 관찰하면 연령을 추정할 수 있다(29도).
:: 교합면을 이용하여 연령을 추정할 때에는 대상이 되는 인골집단人骨集團의 식성食性에 주의해야 한다.

왜냐하면 해당 집단이 먹었던 음식물에 따라 치아의 교모 정도가 달라질 수 있는데, 이러한 경우 앞에서 설명한 것처럼 치아의 교모도咬耗度에 의한 연령추정에 오류가 발생할 수 있기 때문이다.

예를 들면 에도시대의 도쿠가와가德川家 6대 장군將軍 이에노부家宣는 사망연령이 51세임에도 불구하고 치아의 에나멜질에는 교모가 전혀 이루어지지 않았다고 해도 좋을 정도의 상태였다. 이러한 경우, 치아의 교모도만으로는 연령을 추정할 수 없다.

남성인가 여성인가?

같은 연령대의 사람인 경우, 남녀의 성별을 식별하는 것은 그리 어렵지 않다. 그러나 대상이 인골이라고 한다면 아주 어려워진다.

우리들은 생물학적으로 남성과 여성으로 구분된다. 그렇다면 이 성별의 차이라는 것은 무엇일까? 결론부터 말한다면 남성과 여성의 차이는 아이를 낳을 수 있는가의 문제이다. 이 때문에 「출산出産」이라는 작업에 관련된 관골 등 골반은 성별의 차이를 확인하기 가장 쉬운 부분 중 하나이다. 그러나 이와 반대로 성별의 차이를 거의 반영하지 않는 부위의 뼈도 있다. 예를 들면 수골이 이에 해당된다. 당신의 주변에 있는 남성과 여성의 손을 한 번 비교해 보자. 분명 근육이 붙어 있는 형태 등은 남성, 여성의 전형적인 특징을 분명하게 보여준다. 하지만 대상이 뼈라면 이것이 남성의 것인지 여성의 것인지 고민하지 않을 수 없다.

이와 같이

:: 수골 등에는 성별의 차이가 거의 나타나지 않는다.

골반 외에 성별의 차이를 확인하기 쉬운 뼈로는 두개골을 들 수 있다. 그러나 두개골 중에는 남성과 비슷한 형태적 특징을 가진 여성 두개골이 있고, 또 여성과 비슷한 남성 두개골도 있다. 이러한 경우, 성별을 잘못 판정하는 상황도 일어날 수 있다. 이외에도 상완골과 대퇴골의 경우, 근부착면筋付着面의 형태와 골두骨頭의 크기(직경) 등으로 성별을 추측할 수도 있다. 그러나 이 경우에도 두개골처럼 성별을 잘못 판정할 우려가 있으므로 주의해야 한다.

관골을 이용한 성별의 판정

한편 골반을 구성하는 관골은 성별을 판정하는데 주로 사용되는 부위이다. 30도를 참조하면서 보기 바란다. 이를 정리하면 다음과 같다.

성별에 따른 관골의 특징

- 여성의 대좌골절흔大坐骨切痕은 일반적으로 남성의 그것보다 넓은 각도를 가지고 있다. 즉 여성은 각도가 넓은 반면 남성은 좁다.
- 여성의 치골은 길며 장방형의 형태를 하고 있다.
- 폐쇄공閉鎖孔은 일반적으로 남성이 크다.
- 여성은 이상면耳狀面이 도드라져 있으며 후상방後上方에 구溝가 형성되어 있다. 남성은 장골조면腸骨粗面이 솟아 있으며 후이상면구後耳狀面溝가 형성되지 않는다.

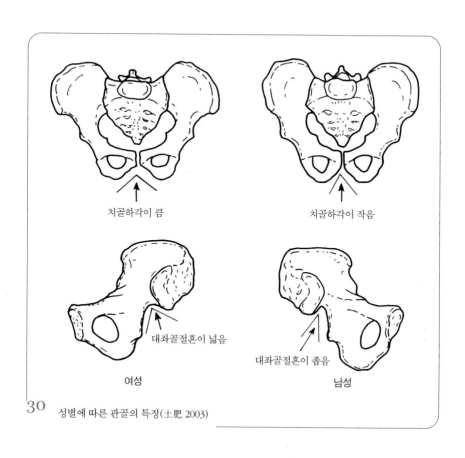

치골하각이 큼

치골하각이 작음

대좌골절흔이 넓음

대좌골절흔이 좁음

여성

남성

성별에 따른 관골의 특징(土肥 2003)

두개골을 이용한 성별의 판정

두개골은 관골만큼의 신뢰성을 갖지는 못하지만 성별판정에 자주 이용되는 부위이다. 그러나 두개골의 형태적 특징은 집단마다 다르다. 예를 들면 죠몽시대의 여성 두개골만을 계속 관찰하다 보면 에도시대의 남성 인골을 보더라도 남성 인골이라는 생각이 들지 않을 수 있다. 때문에 두개골은 집단마다 변이가 크다는 점을 고려하여 성별을 판정해야 한다. 31도를 참조하면서 확인해 주기 바란다. 이를 정리하면 다음과 같다.

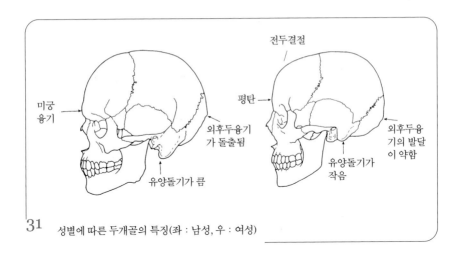

전두결절

평탄

미궁
융기

외후두융기
가 돌출됨

유양돌기가 큼

외후두융
기의 발달
이 약함

유양돌기가
작음

31 성별에 따른 두개골의 특징(좌 : 남성, 우 : 여성)

두개골의 성별에 따른 형태적 특징

• 미궁융기眉弓隆起의 발달은 남성에게서는 뚜렷하지만, 여성에게서는 약하게 나타난다.
• 유양돌기乳樣突起는 남성이 잘 발달되어 있다.
• 외후두융기外後頭隆起는 남성이 잘 발달되어 있다.
• 여성의 두개골은 양쪽의 전두결절前頭結節이 잘 발달해 있다.

신장의 추정

신장은 대퇴골 등의 장골을 계측하여 추정할 수 있다. 신장을 산출하는 데에는 대퇴골 등 장골의 최대길이를 계측하여 다음의 신장추정공식역주7)에 대입한다.

역주7) 인골을 이용하여 신장을 추정하는 것은 체질인류학의 오랜 관심사 중 하나로 여러 연구자에 의해 다양한 추정방법이 제시되고 있다. 일반적으로 신장추정에는 대퇴골 등의 장골이 사용되지만 이외에도 중수골이나 중족골, 족근골(종골·거골) 등을 이용한 연구도 있다.

현재 학계에서는 대퇴골 등 장골의 최대길이를 이용하는 피어슨(pearson)식, 트로터&글래서(Trotter&Gleser=T&G)식, 후지이(藤井)식 등을 주로 사용하고 있다.

- **피어슨식 - 성별·장골부위 구분**
대퇴골 등 장골의 최대길이를 계측하여 추정신장을 구하는 회귀직선방정식에 기초한 신장추정식
- **T&G식 - 인종·성별·장골부위 구분**
백인종, 흑인종, 황인종을 대상으로 하는 신장추정식 - 장골에 연골이 부착되어 있어야 신뢰도가 높아짐
- **후지이식 - 성별·장골부위·좌우 구분**
일본인 남녀의 골격을 기초로 하여 만든 신장추정식
후지이식은 원칙적으로 mm단위를 사용하지만, 아래의 표에서는 다른 신장추정식과의 통일을 위해 cm단위로 개변하였다.

유적에서 출토된 남성 인골의 우대퇴골이 양호하게 유존해 있어 그 최대길이(Femur-M1 : 대퇴골두의 최상점에서 내측과의 최하점까지의 직선거리)를 계측할 수 있는 경우, 아래의 공식을 이용하여 신장을 추정할 수 있다.

추정식명	공식	대상의 조건
피어슨식	$x = 1.88 \times y + 81.306$	남성·대퇴골
T&G식	$x = 2.15 \times y + 72.57 \pm 3.80$	황인종·남성·대퇴골
후지이식	$x = 2.47 \times y + 54.901$	남성·우대퇴골
x=추정신장, y=대퇴골 최대길이(Femur-M1), 단위 cm		

예를 들어 상기한 대퇴골 최대길이에 대한 계측치가 46.5cm인 경우, 피어슨식은 168.7cm, T&G식은 168.7~176.3cm, 후지이식은 169.8cm의 신장추정치가 산출된다. 즉 대퇴골의 최대길이를 각 신장추정식에 대입하면 추정식에 따라 신장추정치에는 약간의 차이가 있음을 확인할 수 있다. 따라서 조사보고서에 인골의 신장추정치를 제시할 때에는 사용한 추정식과 해당 부위에 대한 내용을 반드시 명기할 필요가 있다. 또한 복수개체의 신장을 비교 연구할 때에는 신뢰도를 높이기 위해 가급적 동일한 부위를 이용하는 것이 좋다.

Pearson, K., 1898, 「On the reconstruction of the stature of prehistoric races」 『Philosophical Transactions of the Royal Social』 192A.

Trotter, M., and G. C. Gleser, 1952, 「Estimation of stature from long bones of American whites and Negroes」 『American Journal of Physical Anthropology』 10.

Trotter, M., and G. C. Gleser, 1958, 「A re-evaluation of estimation based on measurements of stature taken during life and of long bones after death」 『American Journal of Physical Anthropology』 16.

藤井明, 1960, 「四肢長骨の長さと身長との關係に就いて」 『順天堂大學體育學部紀要』 第3號.

남성 인골의 신장추정공식(후지이식(藤井式), 단위 mm)

- 2.47×우대퇴골 최대길이(最大長)+549.01
- 2.50×좌대퇴골 최대길이+535.60
- 2.79×우상완골 최대길이+732.42
- 2.83×좌상완골 최대길이+729.08
- 2.47×우경골 최대길이+739.99
- 2.36×좌경골 최대길이+775.42

여성 인골의 신장추정공식(후지이식, 단위 mm)

- 2.24×우대퇴골 최대길이+610.43
- 2.33×좌대퇴골 최대길이+578.41
- 2.38×우상완골 최대길이+813.02
- 2.49×좌상완골 최대길이+787.42
- 2.20×우경골 최대길이+778.71
- 2.34×좌경골 최대길이+737.54

　　나이가 들어감에 따라 사람의 신장은 작아진다. 이는 척추脊椎의 추체椎體와 추체 사이에 있는 추간판椎間板이 서서히 압축되면서 일어나는 현상이다. 따라서 신장을 추정할 때에는 연령도 함께 고려하는 것이 좋다.

03 인골의 동정

어느 부위의 뼈일까?

출토된 인골은 우선 그것이 어느 부위에 해당하는지를 동정해야 한다(32도). 그러나 유적에서 출토되는 인골은 완전한 상태인 경우가 거의 없기 때문에 완전한 형태의 인골 즉 표본이나 플라스틱 등으로 만든 실습용 인골 등과 비교하면서 동정할 필요가 있다. 토기와 금속기 등의 다른 출토유물과는 달리 인골의 형태는 거의 정해져 있기 때문에 그 특징을 한 번 기억해 두면 이러한 동정 작업은 훨씬 쉬워진다.

인골과 관련된 용어는 약간 어려워서 익숙해지기 전에는 머릿속으로 잘 들어오지 않는다. 그러나 인골 용어를 하나하나 도판에서 확인하면서 관찰해 가면 쉽게 이해할 수 있다. 그러면 아래에서 순서대로 살펴보도록 하자.

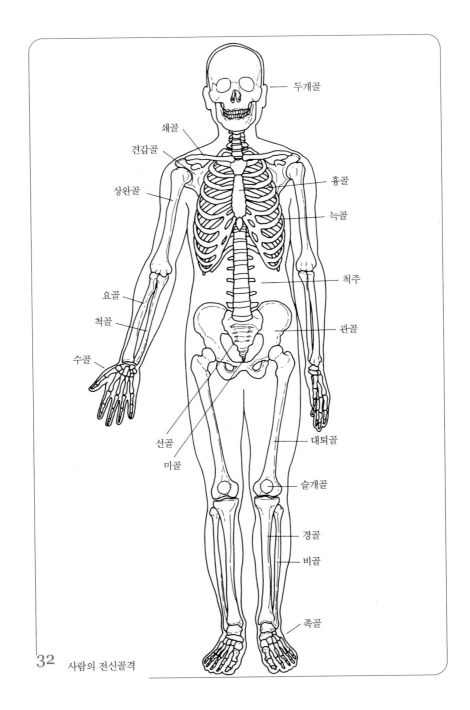

두개골

쇄골

견갑골

상완골

흉골

늑골

요골

척주

척골

관골

수골

선골

미골

대퇴골

슬개골

경골

비골

족골

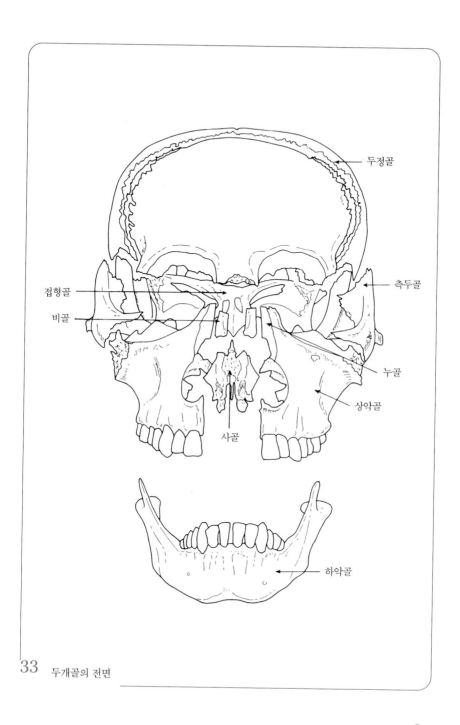

두정골

측두골

접형골

비골

누골

상악골

사골

하악골

33 두개골의 전면

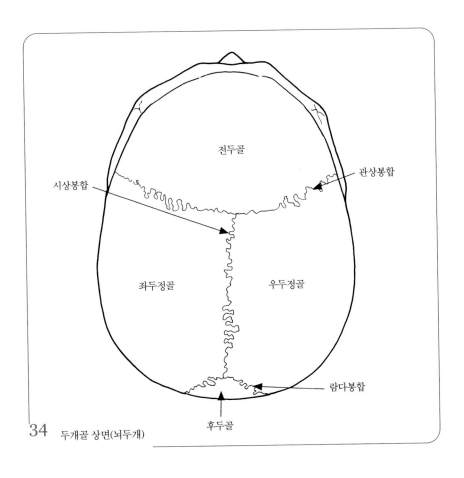

전두골

시상봉합

관상봉합

좌두정골

우두정골

람다봉합

후두골

34 두개골 상면(뇌두개)

두개골

두개골은 단어만으로는 마치 하나의 뼈인 것처럼 생각된다. 그러나
실제 두개골은 십 수 종류의 뼈로 이루어져 있다. 이들 뼈는 뇌가 들어 있
는 부분(뇌두개^{腦頭蓋})을 구성하는 뼈와 안면을 이루고 있는 부분(안면두개
顔面頭蓋)을 구성하는 뼈 두 가지로 크게 나눌 수 있다(33도 · 34도).

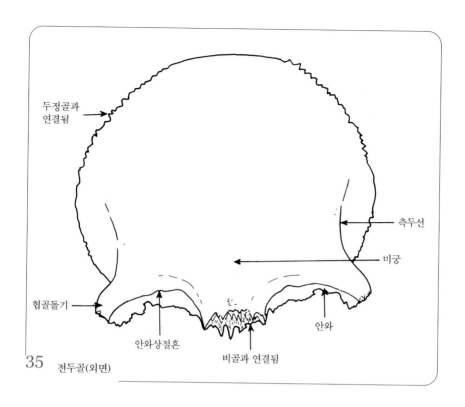

두정골과
연결됨 →

측두선

미궁

협골돌기 →

안와상절혼

안와

비골과 연결됨

35 전두골(외면)

뇌두개를 구성하는 뼈

뇌두개는 전두골·두정골·측두골側頭骨·후두골後頭骨 등으로 이루어
져 있다(34도). 뇌두개 중 둥근 천정을 이루는 부분을 두개관頭蓋冠이라고
한다. 개별의 뼈는 「봉합縫合」이라는 두개頭蓋 특유의 연결 형태에 의해 복
잡하게 결합되어 있다. 주된 봉합으로는 관상冠狀봉합·시상矢狀봉합·람
다(lambda)봉합 세 가지가 있다.

관상봉합은 전두골과 두정골 사이에 있다. 시상봉합은 좌우 두정골
사이에 있으며, 람다봉합역주8)은 두정골과 후두골 사이에 있는데 이는 그
리스문자 λ(lambda)와 유사한 형태라고 하여 붙여진 명칭이다.

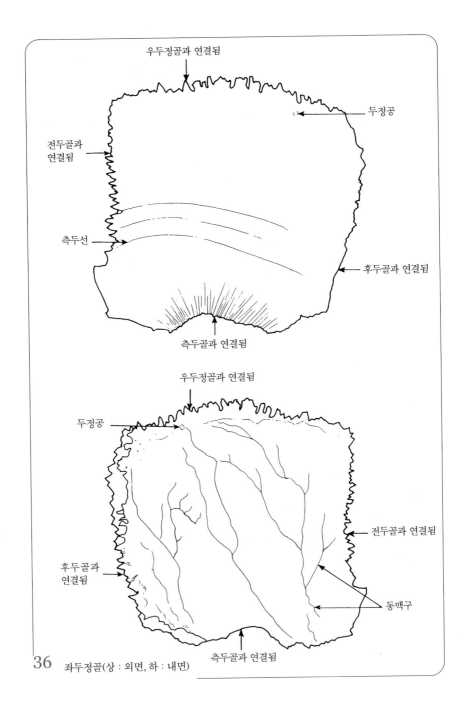

우두정골과 연결됨

두정공

전두골과
연결됨

측두선

후두골과 연결됨

측두골과 연결됨

우두정골과 연결됨

두정공

전두골과 연결됨

후두골과
연결됨

동맥구

측두골과 연결됨

36 좌두정골(상 : 외면, 하 : 내면)

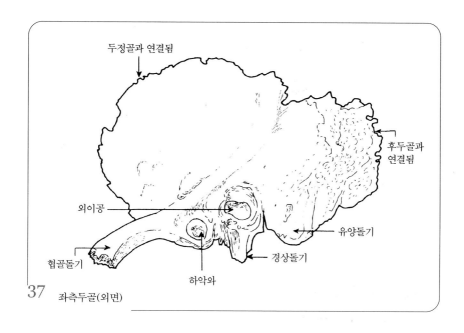

두정골과 연결됨

후두골과
연결됨

외이공

유양돌기

협골돌기

경상돌기

하악와

좌측두골(외면)

| 전두골 |

전두골은 이마^額, 미간^{眉間}과 안와상연부^{眼窩上緣部}를 형성하고 있는 뼈
이다(35도). 외면에는 미궁^{眉弓}, 안와상절흔^{眼窩上切痕} 등이 있으며 내면에는
두정골을 향하여 돌출되어 있는 전두릉^{前頭稜}이 있다.

| 두정골 |

두정골은 두개관의 대부분을 차지하는 뼈이다(36도). 이 뼈는 좌우에
1개씩 있는데 시상봉합에 가까운 후방 1/3의 지점에 정맥^{靜脈}이 지나가는
두정공^{頭頂孔}이 있다. 두정공은 보통 좌우에 1개씩 있지만 2개가 있는 경우
도 있다. 내면에는 후방을 지나가는 동맥구^{動脈溝}가 있다.

역주8) 람다봉합은 한글의 'ㅅ'과 유사하다고 하여 '시옷봉합' 또는 한자의 '사람 인(人)'과
형태가 유사하다고 하여 '인자(人字)봉합'이라고 하기도 한다.

| 측두골 |

측두골은 좌우에 1개씩 있으며 뇌두개의 측면하방부側面下方部를 형성하고 있다(37도). 외면에는 인부鱗部, 협골頬骨과 연결되는 협골돌기頬骨突起, 유양돌기, 외이공이 있다.

| 후두골 |

후두골은 두정골과 연결되는 뼈로 뇌두개의 후면을 형성하고 있다(38도). 후두골에 있는 대후두공大後頭孔에는 척수脊髓(굵은 신경다발)가 지나고 있다. 또한 후두골에 있는 외후두융기外後頭隆起는 남성이 잘 발달되어 있다.

| 이소골 |

이소골耳小骨은 수mm정도 크기의 작은 뼈이다. 때문에 익숙해지기 전에는 이소골을 보지 못하고 빠뜨릴 수도 있으므로 주의해야 한다. 그러나 외이도에 가득 차 있는 이사耳砂를 힘껏 긁어내면 이소골이 나오는 경우가 있다. 외이도에서 나온 이사는 주의 깊게 살펴보아야 한다. 39도와 같은 형태의 뼈가 나왔다면 그것이 바로 이소골이다. 이 뼈는 고막鼓膜에 전달된 음의 진동을 증폭하여 내이內耳로 전달시키는 역할을 담당하고 있다.

안면두개를 구성하는 뼈

안면두개는 전두골·상악골·하악골·협골·비골鼻骨·누골淚骨 등으로 구성되어 있다(33도). 안면두개에는 삼차신경三叉神經이 지나고 있다. 이것은 두경부頭頸部의 지각知覺 및 저작詛嚼 등의 운동을 담당하는 뇌신경腦神經의 하나로, 정중에서 2~3cm 외측을 지나고 있다. 덧붙여 말하면 안와

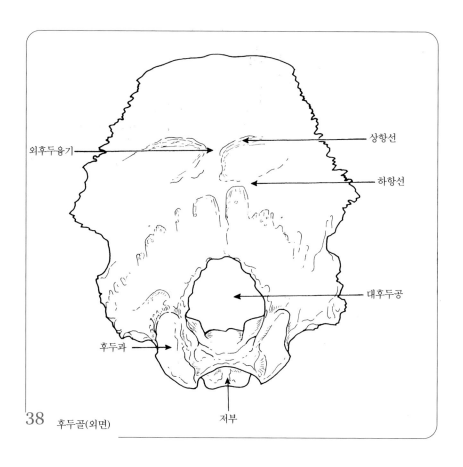

외후두융기

상항선

하항선

대후두공

후두과

저부

38 후두골(외면)

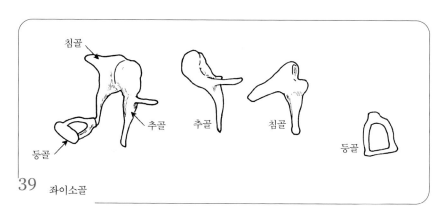

침골

등골

추골

추골

침골

등골

39 좌이소골

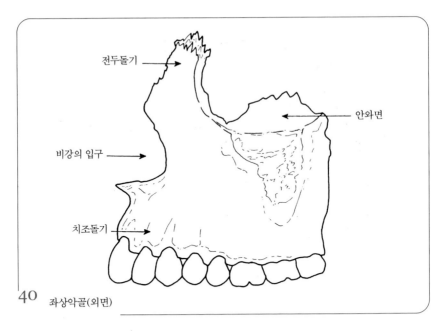

전두돌기

안와면

비강의 입구

치조돌기

40 좌상악골(외면)

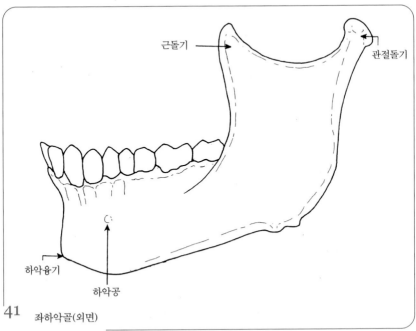

근돌기

관절돌기

하악융기

하악공

41 좌하악골(외면)

상신경眼窩上神經은 전두골에 있는 안와상절
흔을, 안와하신경眼窩下神經은 상악골에 있는
안와하공眼窩下孔을, 이신경頤神經은 하악골
에 있는 하악공下顎孔을 통하여 표면으로 나
오게 된다.

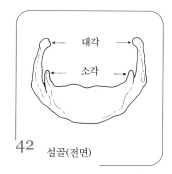

42 설골(전면)

| 상악골 |

상악골은 안면두개의 중앙 대부분을
구성하는 2개의 뼈이다(40도). 치조부齒槽部에는 상악치上顎齒가 돋아나 있
다. 또한 좌우 2개의 상악골을 맞추면 이상구梨狀口가 형성된다. 이상구는
비강鼻腔의 입구로, 그 안(정확하게는 안쪽 위)에는 안와의 내벽內壁을 형성
하고 있는 사골篩骨, 상벽上壁을 함께 형성하는 비강이 있다. 협골과 상악의
봉합부근에는 안와하공이 있다.

| 하악골 |

하악골은 상악골과 짝을 이루어 구강口腔을 형성하고 있다(41도). 이
뼈는 원래 좌우 2개의 뼈가 중앙에서 합쳐져 이루어진 것이다. 치아가 돋
아나 있는 전방의 하악체下顎體와 근육이 부착되는 후방의 하악지下顎枝로
되어 있다.

후방의 하악지에는 2개의 돌기(근돌기筋突起 · 관절돌기關節突起)가 있
다. 전방의 근돌기에는 관자놀이에 있는 큰 근육(측두근側頭筋)이 붙으며,
후방의 관절돌기는 두개골과 접하여 악관절顎關節을 형성한다.

| 설골 |

설골舌骨은 두개골의 일부이지만 두개골과는 인대靭帶와 근筋에 의해 결
합되어 있을 뿐 다른 뼈와 직접 연결되어 있지는 않다. 설골이 발견되는 예
는 흔하지 않지만 그래도 근세분묘의 발굴에서 가끔 출토되는 예가 있다.

이 뼈는 U자형을 하고 있으며 타원형내지 육각형의 체體와 양단에 부

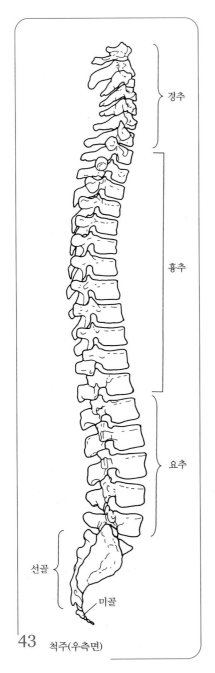

경추

흉추

요추

선골

미골

척주(우측면)

착된 각각 쌍으로 된 봉상棒狀의 돌기 (대각大角 · 소각小角)로 이루어져 있다(42도). 또한 20대에는 설골체와 대각 사이에 연골이 함께 있지만 이후 30세를 지나면서 골화가 서서히 진행되며 50대에는 전체의 반 이상이 골화된다고 한다. 반면 설골체와 소각은 골화가 거의 진행되지 않다가 60세 이상이 되어서야 비로소 완전하게 골화가 진행된 것을 볼 수 있다.

척주골

척주脊柱는 두부와 체간을 지탱한다. 척주관脊柱管 안에는 척수라는 큰 신경이 지나고 있는데 이는 뇌로부터 이어지는 신경로神經路라는 점에서 중요한 역할을 담당하고 있다. 척주는 경추頸椎 · 흉추胸椎 · 요추腰椎 · 선골 · 미골, 5종류의 뼈로 구성되어 있다.

43도에 제시되어 있는 것이 인간의 척주이다. 위에서부터 두부에 가장 가까운 경추, 중앙에 흉추, 그 아래쪽에 요추, 선골, 미골이 있다. 경추는 기본적으로 7개, 흉추는 12개, 요추는 5개로 이루어져 있다. 경추 · 흉추 · 요추는 두측에서 미측으로 갈수록 추체 부분의 면적이 커지는 특징이 있는데, 이는 척주가 체중을 지탱해야 되기 때문이다. 이러한 특징은 척주와 관련된 개별 뼈를 동정할 때 큰 도움이 된다.

| 경추 |

경추는 추골 중에서 가장 상방에 있는 뼈이다. 이 중 제1경추와 제2경추는 약간 특수한 형태를 하고 있다 (44도).

제1경추는 환추環椎(atlas)라고 부르기도 하는데 척추의 일반적 특징인 추체가 없으며 도넛 모양을 하고 있다.

제2경추에는 「치돌기齒突起」가 있는데 제1경추와 두개골이 함께 회전할 때 이것이 축이 된다. 때문에 제2경추를 축추軸椎(axis)라고 부르기도 한다. 제2경추의 치돌기 하면은 제3경추의 추체와 접한다.

이상과 같이 제1경추와 제2경추는 특이한 형태이다. 그러나 제1 · 제2경추도 다른 경추(제3~제7경추)와

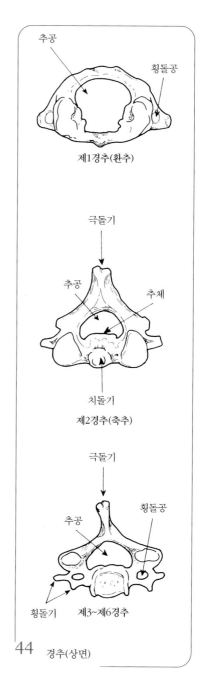

추공

횡돌공

제1경추(환추)

극돌기

추공

추체

치돌기

제2경추(축추)

극돌기

추공

횡돌공

횡돌기　제3~제6경추

44　경추(상면)

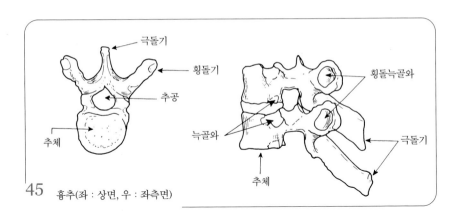

흉추(좌 : 상면, 우 : 좌측면)

같이 일반적으로 다음과 같은 형태적 특징을 가지고 있다.

경추의 형태적 특징(44도)

1. 추골동정맥椎骨動靜脈이 지나는 횡돌공橫突孔이 좌우에 하나씩 있다.
2. 극돌기棘突起의 선단先端이 두 갈래로 나뉘어져 있다(제7경추는 제외).
3. 횡돌기橫突起의 선단이 두 갈래로 나뉘어져 있다.
4. 추공椎孔은 삼각형에 가깝다.

| 흉추 |

흉추는 쇄골鎖骨과 거의 같은 높이에서 시작되는 추골로 전부 12개이다. 경추가 직립한 자세에서 전만前灣하는 데 비해 흉추는 후만後灣한다. 흉추는 일반적으로 다음과 같은 형태적 특징을 가지고 있다.

흉추의 형태적 특징(45도)

1. 늑골과 관절을 형성하기 위해 두 종류의 늑골와肋骨窩=上 · 下肋骨窩 · 橫突肋骨窩를 가지고 있다.

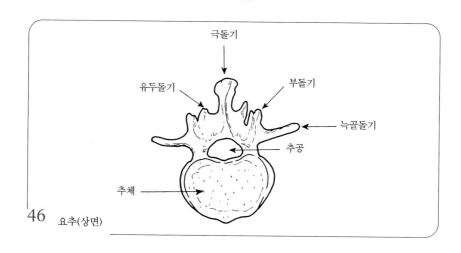

극돌기

유두돌기

부돌기

늑골돌기

추공

추체

46 요추(상면)

2. 제1~제9흉추는 상늑골와와 하늑골와를 모두 가지고 있다. 단, 제10흉추에는 상
   늑골와만 있으며 제11 · 제12흉추에는 추체측면 중앙부에 늑골와가 있다.
3. 제1~제10흉추에는 횡돌늑골와가 있어 늑골결절肋骨結節과 관절을 형성하고
   있다.
4. 하방의 일부 흉추를 제외하면 극돌기는 길며 아래로 급하게 경사져 있다.

| 요추 |

요추는 하복부下腹部 아래에 위치하는 추골로 전부 5개이다. 경추와
흉추 등의 다른 추골에 비해 크고 튼튼하다. 요추는 경추와 같이 직립한
자세에서는 전만하다. 한편 제5요추는 선골과 유합되어 있는 경우도 있다
(요추화腰椎化 · 선추화仙椎化). 요추는 일반적으로 다음과 같은 형태적 특징
을 가지고 있다.

요추의 형태적 특징(46도)

1. 3개의 돌기(유두돌기乳頭突起 · 부돌기副突起 · 늑골돌기肋骨突起)를 가지고 있다.
2. 추체에는 늑골와가 없다.
3. 요추 추궁부(椎弓部)에 있는 관절면은 U자형이어서 몸을 지탱하기에 알맞다.
4. 추공은 원형이다.

| 선골과 미골 |

선골은 5개의 선추 · 늑골편 · 인대가 유합되어 형성된 것이다. 선골 전면에 있는 횡선은 5개였던 선추가 유합된 흔적이다. 선골의 후면에는 몇 개의 능이 있으며(정중선골릉正中仙骨稜 · 중간선골릉 · 외측선골릉) 거친데 비해 전면은 매끈하다(47도). 관골과 연결되는 선골의 관절면을 이상면이라고 한다. 선골과 연결되는 미골은 3~6개의 퇴화된 추골로 이루어져 있다. 미골은 선골과 유합되는 경우도 있다(선골화).

흉곽을 구성하는 뼈

흉곽골胸郭骨은 체간골의 일부로 흉곽 내부에 있는 장기를 보호한다. 흉곽골은 흉골과 늑골 등으로 구성되어 있다.

| 흉골 |

흉곽 전면의 중심이 되는 뼈이며 쇄골과 늑골을 연결하는 역할을 담당하고 있다. 흉골은 흉골병胸骨柄 · 흉골체胸骨體 · 검상돌기劍狀突起로 구성된다(48도). 흉골병에는 쇄골과 제1늑골이 연결되며 흉골체의 좌우에는 제3~제7늑골과 연결되는 늑골결절이 4개 정도 있다. 또한 흉골과 연결되

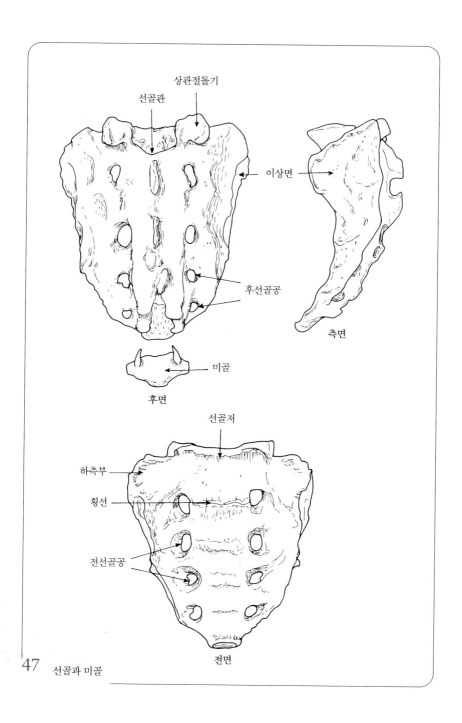

상관절돌기

선골관

이상면

측면

후선골공

미골

후면

선골저

하측부

횡선

전선골공

전면

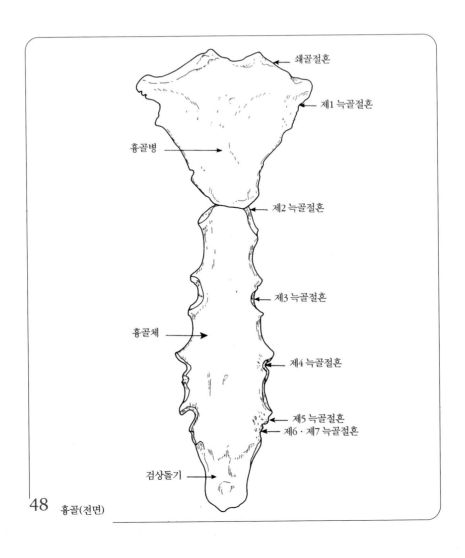

쇄골절흔

제1 늑골절흔

흉골병

제2 늑골절흔

제3 늑골절흔

흉골체

제4 늑골절흔

제5 늑골절흔
제6 · 제7 늑골절흔

검상돌기

48 흉골(전면)

는 늑골은 늑연골^{肋軟骨}이라 부르는 일종의 연골로 우리들이 보통의 늑골로 알고 있는 것과는 다르다.

한편 흉골체부의 중앙에 구멍이 나 있는 경우가 있다. 이것을 총상에 의한 것으로 오해하는 사람이 있는데 이는 선천성 흉골렬^{先天性 胸骨裂}에 의한 것으로 인골에서 확인되는 병적 이상소견^{異常所見}과는 다르다.

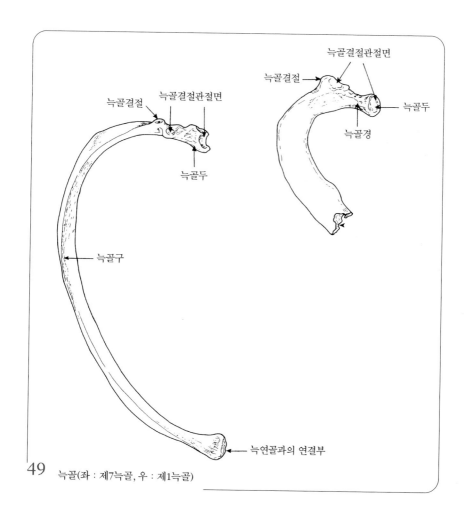

49 늑골(좌 : 제7늑골, 우 : 제1늑골)

| 늑골 |

늑골은 흉곽을 넓혔다 좁혔다 하는 호흡운동과 깊은 관련이 있다. 이
뼈는 편평한 형태의 장골로 모두 24개(좌우 12개씩)이다(49도). 늑골의 전
단부는 늑연골인데 대부분의 늑골은 이 늑연골을 사이에 두고 흉골과 직
접 연결된다.

모든 늑골은 두頭(늑골두)를 가지고 있다. 늑골두는 흉추에 있는 상 ·

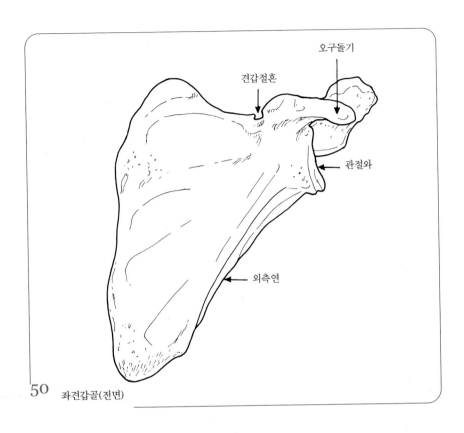

오구돌기

견갑절흔

관절와

외측연

50 좌견갑골(전면)

하늑골와와 연결되어 늑추관절肋椎關節을 형성한다. 늑골결절은 두와 체體의 경계 역할을 담당한다. 늑골결절은 제1~제10늑골에서 관찰할 수 있으며 횡돌늑골와橫突肋骨窩와 늑횡돌관절肋橫突關節을 형성한다. 또한 제1늑골 · 제11늑골 · 제12늑골을 제외한 모든 늑골은 하면에 늑골구肋骨溝를 가지고 있다.

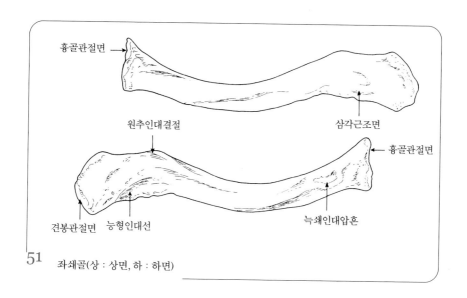

흉골관절면

원추인대결절

삼각근조면

흉골관절면

견봉관절면   능형인대선

늑쇄인대압흔

좌쇄골(상 : 상면, 하 : 하면)

상지골

상지골은 상완골(자유상지골^{自由上肢骨})과 견갑골 · 쇄골^{鎖骨}(상지대^{上肢} ^帶) 등으로 구성된다. 그 중 자유상지골은 운동과 직접 관련되며, 상지대는 자유상지골과 체간을 연결하여 상지의 운동을 부드럽게 하는 역할을 담당 하고 있다.

| 견갑골 |

좌우에 1개씩 있으며 삼각형의 편평골이다(50도). 견갑골은 상지대 를 형성하는 중요한 뼈로 체간과 상완골을 연결한다. 외측상방에는 상완 골과 연결되는 관절면이 있다. 또한 전면에는 오구돌기^{鳥口突起}, 후면에는 견갑극^{肩甲棘}이 있다.

| 쇄골 |

쇄골은 견관절^{肩關節}로부터 흉곽을 떨어뜨려 놓는 역할을 담당한다.

이 뼈는 거의 S자상으로 약간 휘어진 장골로 좌우에 1개씩 있으며 흉곽상
방에 위치한다. 내측단은 흉골단^{胸骨端}이라고도 부르며 그 단면은 원형이
다. 쇄골은 다음과 같은 일반적인 형태적 특징을 가지고 있다.

쇄골의 형태적 특징(51도)

1. 쇄골하면에는 쇄골하근구^{下筋溝} 등의 근육조면^{筋肉粗面}이 있어 상면에 비해 거
   칠다.
2. 흉골단은 단면이 둥글지만 외측의 견봉단^{肩峰端}은 얇고 넓다.
3. 내측의 2/3는 전방으로 돌출되며 외측의 1/3은 후방으로 돌출되어 있다.

| 상완골 |

상완골은 견갑골과 함께 견관절을 형성하고 있다. 견갑골과 접하는
상완골 상단의 내측부분은 반구상으로 원활하게 운동할 수 있도록 되어
있다. 또한 상완골 근위부를 위에서 보면, 외측에는 소결절^{小結節}이, 이보
다 더 외측에는 대결절^{大結節}이 있다. 골간의 중앙부보다 약간 상방에는 삼
각근^{三角筋}이 붙는 삼각근조면^{三角筋粗面}이 있는데 일반적으로 남성이 여성
에 비해 잘 발달되어 있다(52도). 상완골 원위의 관절면은 근위부와는 달
리 전완과 활차관절^{滑車關節}로 연결된다.

| 전완골 |

전완골은 척골과 요골로 이루어져 있으며 이는 상완골 원위의 관절
면과 연결된다(53도).

| 척골 |

척골은 요골의 내측에 있는 뼈이다. 근위에는 주두^{肘頭}가 있어 상완
골 · 요골과 함께 주관절을 형성한다. 요골과 동일하게 원위에 경상돌기<sup>莖
狀突起</sup>가 있으며 척골의 돌기는 새끼손가락과 같은 방향에 있다.

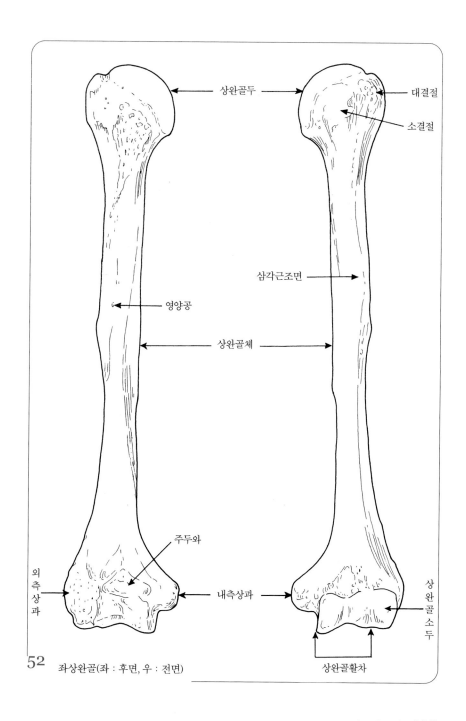

상완골두

대결절

소결절

삼각근조면

영양공

상완골체

주두와

외측상과

내측상과

상완골소두

상완골활차

좌상완골(좌 : 후면, 우 : 전면)

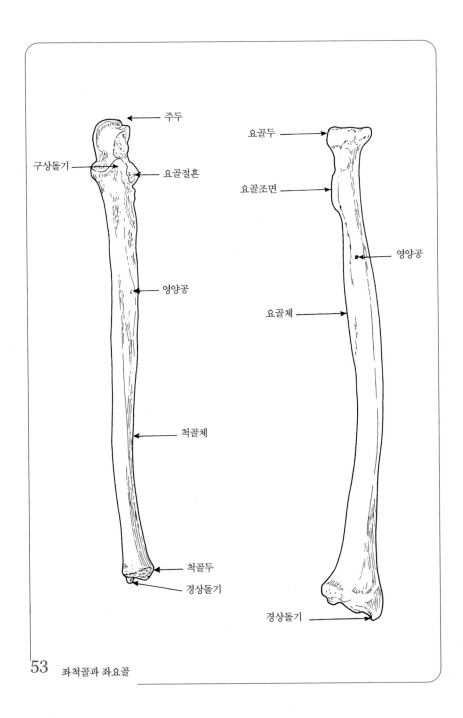

주두

구상돌기

요골절흔

영양공

척골체

척골두

경상돌기

요골두

요골조면

영양공

요골체

경상돌기

53　좌척골과 좌요골

| 요골 |

요골은 척골의 외측에 있으며 엄지손가락과 같은 방향에 있다. 근위에 있는 요골두橈骨頭는 상완골과 관절을 형성한다. 원위부의 형태는 넓다.

수골

수골은 모두 27개(양손 54개)이다. 이들은 수근골 8개, 중수골中手骨 5개, 지절골指節骨 14개(기절골基節骨 5, 중절골中節骨 4, 말절골末節骨 4)로 구성되어 있다(54도).

해부학적 정위解剖學的 正位는 엄지손가락은 외측, 새끼손가락은 내측, 손등은 후면, 손바닥은 전면에 오도록 하는 것이다.

| 수근골 |

수근골의 형태는 매우 복잡하여 익숙해지기 전에는 어렵다. 때문에 여기에서는 개별 뼈와 좌우 식별에 초점을 맞추어 설명하겠다(55도).

수근골의 근위열近位列은 외측에서 내측으로 주상골舟狀骨, 월상골月狀骨, 삼각골三角骨, 두상골豆狀骨 순으로 연결되어 있으며, 원위열遠位列은 외측에서 내측으로 대능형골大菱形骨, 소능형골小菱形骨, 유두골有頭骨, 유구골有鉤骨 순으로 연결된다.

• 대능형골

대능형골은 대능형골결절이라는 돌출부가 있다. 이 뼈는 제1중수골 · 제2중수골 · 소능형골 · 주상골과 연결된다.

• 소능형골

소능형골은 부츠와 유사한 형태이다. 이 뼈는 제2중수골 · 대능형

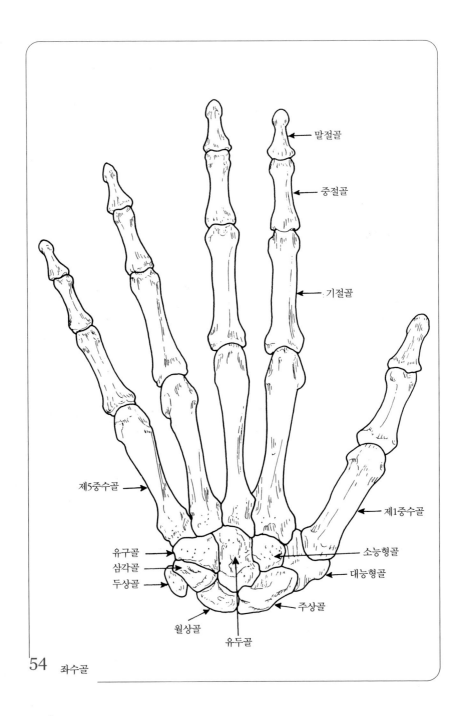

말절골

중절골

기절골

제5중수골

제1중수골

유구골

소능형골

삼각골

대능형골

두상골

주상골

월상골

유두골

54 좌수골

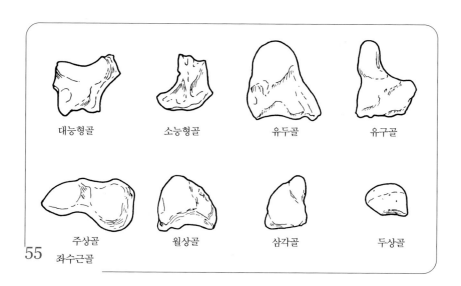

대능형골   소능형골   유두골   유구골

주상골   월상골   삼각골   두상골

55 좌수근골

골 · 주상골 · 유두골과 연결된다.

• 유두골

　유두골은 수근골 중에서 가장 큰 뼈이다. 이 뼈는 주상골 · 월상골 · 소능형골 · 유구골 · 제2중수골 · 제3중수골 · 제4중수골과 연결된다.

• 유구골

　유구골은 갈고리 모양을 하고 있다. 이 뼈는 제4중수골 · 제5중수골 · 유두골 · 삼각골 · 월상골과 연결된다.

• 주상골

　주상골은 주상골결절과 돌출부가 있다. 이 뼈는 요골 · 유두골 · 월상골 · 대능형골 · 소능형골과 연결된다.

• 월상골

　월상골은 초승달 모양의 뼈이다. 이 뼈는 요골 · 유두골 · 주상골 · 삼각골 · 유구골과 연결된다.

• 삼각골

삼각골은 피라미드 모양의 뼈이다. 이 뼈는 월상골 · 유구골 · 두상골과 연결된다.

• 두상골

두상골은 반구상의 종자골種子骨이다. 이 뼈는 삼각골 · 유구골과 연결된다.

| 중수골 |

중수골은 모두 5개이다(56도). 이들 뼈는 두(頭) · 체(體) · 저(底)로 이루어진다.

• 제1중수골

제1중수골은 다른 중수골과는 달리 짧고 폭이 넓다. 수근골과 연결되는 이 뼈의 근위 관절면은 안상鞍狀을 하고 있다.

• 제2중수골

제2중수골은 중수골 중에서도 가장 긴 뼈이다. 이 뼈는 저부에 2개의 돌기를 가지고 있다. 그 중 긴 돌기는 제3중수골과 연결된다.

• 제3중수골

제3중수골은 제2중수골 다음으로 긴 뼈이다. 이 뼈는 저부에 하나의 돌기가 있다. 이 돌기는 제2중수골과 연결된다.

• 제4중수골

제4중수골은 비교적 길이가 짧은 뼈이다. 저부에는 돌기가 없으며 제3중수골과 연결되는 관절면 2개, 제5중수골과 연결되는 관절면 1개를 가지고 있다.

• 제5중수골

제5중수골은 중수골 중에서 제1중수골 다음으로 길이가 짧다. 저부에는 돌기가 없으며 관절면은 한쪽에만 있다.

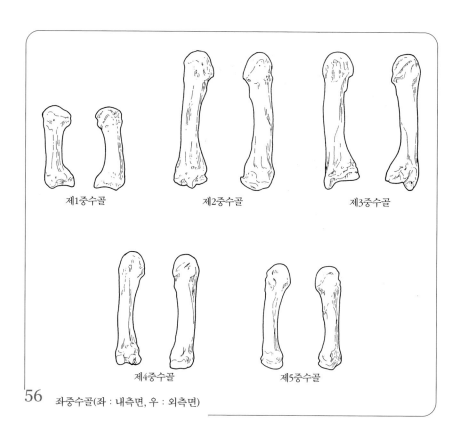

제1중수골   제2중수골   제3중수골

제4중수골   제5중수골

56 좌중수골(좌 : 내측면, 우 : 외측면)

| 지절골 |

　제1지指는 기절골과 말절골 2종류의 지절골로 구성되며 중절골이 없다. 제2~제5지는 모두 기절골·중절골·말절골, 3종류의 지절골로 구성되어 있다(54도).

　지절골은 좌우 구별이 아주 어렵다. 출토인골을 수습할 때 좌우가 섞여 버리면 구별이 거의 불가능하기 때문에 주의가 필요하다.

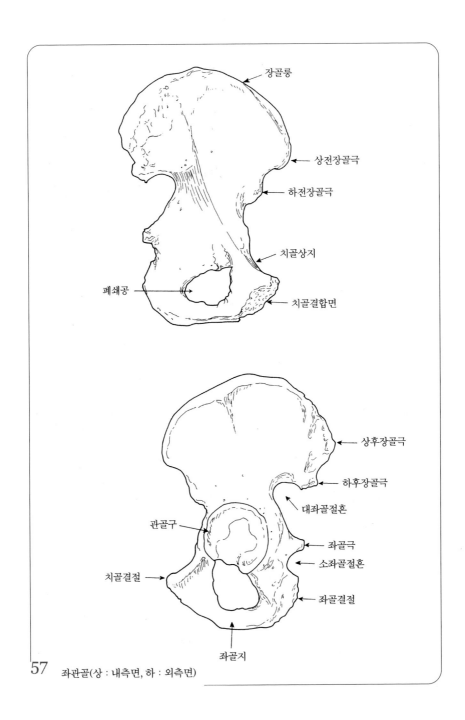

장골릉

상전장골극

하전장골극

치골상지

폐쇄공

치골결합면

상후장골극

하후장골극

대좌골절흔

관골구

좌골극

소좌골절흔

치골결절

좌골결절

좌골지

57　좌관골(상 : 내측면, 하 : 외측면)

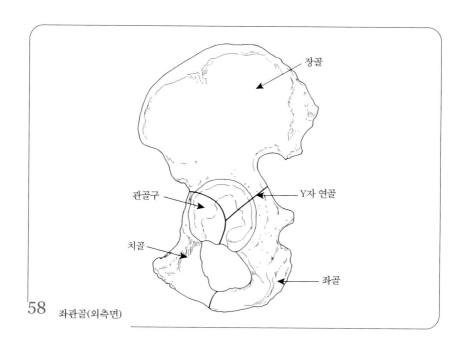

장골

관골구

Y자 연골

치골

좌골

58 좌관골(외측면)

하지골

하지골은 대퇴골(자유하지골自由下肢骨)과 관골(하지대下肢帶) 등으로 구성된다. 자유하지골은 운동과 직접 관련되며, 하지대는 자유하지골을 체간과 연결하거나 체중을 하지로 전달하여 운동을 부드럽게 하는 역할을 담당한다.

ㅣ관골ㅣ

관골은 선골과 함께 골반을 구성한다(57도). 관골은 좌우 각 1개씩 있으며 관골구寬骨臼에서 대퇴골과 관절을 이룬다.

관골은 장골腸骨 · 치골 · 좌골坐骨, 3개의 뼈가 16세 무렵에 골화되어 하나의 뼈로 된 것이다(58도). 3개의 뼈가 접합되는 부분을 관골구라 하는데 연골의 형태가 거의 Y자상으로 되어 있기 때문에 Y자 연골이라고도 한다.

• 장골

장골腸骨은 관골의 대부분을 차지하고 있다. 이상면은 선골과 맞닿는 부분이다. 이상면의 아래에 있는 큰 절흔切痕을 대좌골절흔大坐骨切痕이라고 하는데 여성은 넓고 남성은 좁은 형태적 특징이 있어 인골의 성별을 판별할 때 중요한 결정적인 증거가 되는 부분이다.

• 치골

치골은 관골의 전방에 위치한 뼈이다. 좌우의 치골은 치골결합면에 의해 결합된다. 이 결합면의 형태는 가령과 함께 변화되는데 이러한 특징으로 인해 연령추정에 자주 이용되는 부분이다.

• 좌골

좌골은 관골의 후하방에 있는 뼈이다. 장골腸骨, 치골, 좌골이 결합하여 관골을 형성하는데 이 때 좌골과 치골의 결합으로 생기는 넓은 구멍을 「폐쇄공閉鎖孔」이라고 한다. 폐쇄공의 대부분은 실제 폐쇄막閉鎖膜에 의해 막혀 있으므로 이러한 명칭이 붙여졌다.

| 대퇴골 |

대퇴골은 인간의 뼈 중에서 가장 긴 뼈이다. 근위부의 골단부분은 관골과의 연결을 위해 반구형을 하고 있다(59도). 대퇴골의 근위부에는 대전자大轉子·소전자小轉子가 있으며 골간후면骨幹後面에는 하지 운동을 하는데 필요한 근육이 붙는 조선粗線이 있다. 원위관절면은 경골, 슬개골과 연결되어 슬관절膝關節을 구성하고 있다.

| 슬개골 |

슬개골은 역삼각형의 뼈이다(60도). 후면에 있는 관절면이 내측보다 외측이 크기 때문에 관절면을 아래로 해서 바닥에 놓으면 슬개골은 외측의 관절면 쪽으로 기울어진다.

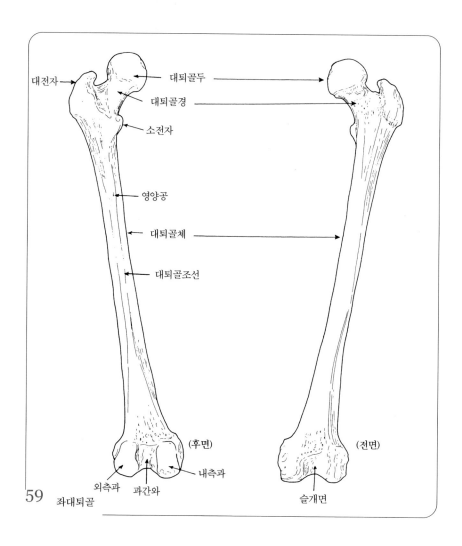

대전자

대퇴골두

대퇴골경

소전자

영양공

대퇴골체

대퇴골조선

(후면)

(전면)

외측과   과간와

내측과

슬개면

59 좌대퇴골

| 경골과 비골 |

경골은 슬하내측^{膝下內側}에 있으며 대퇴골 다음으로 크고 긴 뼈이다
(61도). 근위에는 내측과^{內側顆}와 외측과^{外側顆}가 있는데 각각 대퇴골의 관
절면과 연결된다. 경골의 전면에는 전방을 향해 있는 날카로운 전연^{前緣}이
있어 경골 골간부를 내측면과 외측면으로 나누고 있다. 원위는 내측이 외

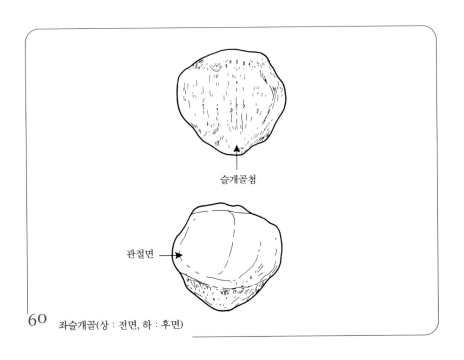

60 좌슬개골(상 : 전면, 하 : 후면)

측보다 약간 더 길게 내려와 내과^{內果}를 이루고 있다. 내과는 비골 외측에 있는 외과^{外果}와 함께 소위 복숭아뼈를 형성한다.

비골은 경골과 상하단에서 맞닿아 있으나 근원위단 모두 경골보다 약간 하방에 있다. 비골두^{腓骨頭}는 삼각형이다. 비골의 전면에는 전방을 향해 있는 날카로운 전연이 있다. 이 전연은 비골 골간부를 내측면과 외측면으로 나누고 있다. 또한 이 뼈는 영어로「Fibula」라고 하는데,「잠그다」라는 의미를 가지고 있다. 여담이지만 유럽의 청동기시대에는「Fibula」라는 유금구^{留金具}의 일종이 사용되었다고 한다.

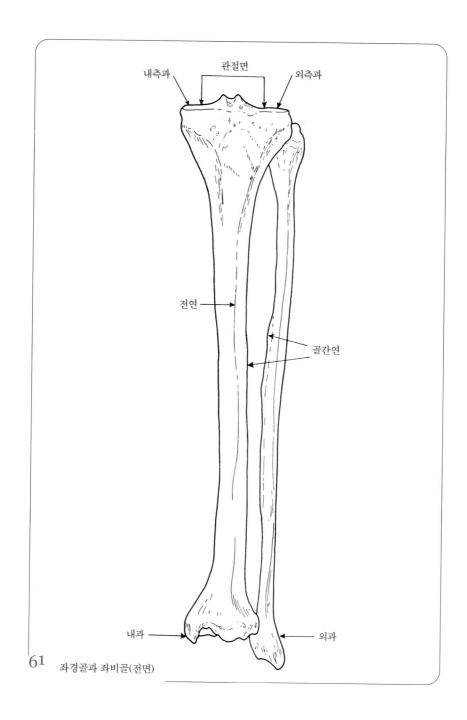

내측과　　관절면　　외측과

전연

골간연

내과　　　　　　　외과

61　좌경골과 좌비골(전면)

족골

족골足骨은 모두 26개이다(62도). 족근골足根骨 7개, 중족골中足骨 5개, 지절골指節骨 14개로 구성되어 있다.

| 족근골 |

족근골은 발의 중앙부분에서 뒤꿈치까지를 형성하고 있으며 중족골·경골·비골과 연결된다. 족근골은 거골距骨·종골踵骨·주상골舟狀骨·입방골立方骨·제1설상골楔狀骨·제2설상골·제3설상골로 구성되어 있다(63도).

• 거골

거골은 몸의 전全체중을 발에 전달하는 역할을 하고 있다. 거골의 상면에는 경골과 연결되는 관절면이 있다. 한편 전면에 있는 거골두는 주상골과 연결된다.

• 종골

종골은 거골과 연결되는 족근골 중 하나이다. 하면에는 관절면이 전혀 없는 넓은 부분이 위치하며 상면에는 거골과 연결되는 관절면이 있다.

• 주상골

주상골은 거골 및 3개의 설상골과 연결된다. 근위에 있는 궁형弓形의 관절면은 거골, 원위에 있는 3개의 관절면은 설상골을 위한 것이다.

• 입방골

입방골은 제4중족골·제5중족골·제3설상골·주상골·종골과 연결된다. 이 뼈는 내측이 외측보다 길다.

• 제1설상골

제1설상골은 내측에 위치한 설상골로 제1중족골·제2설상골·주상골과 연결된다.

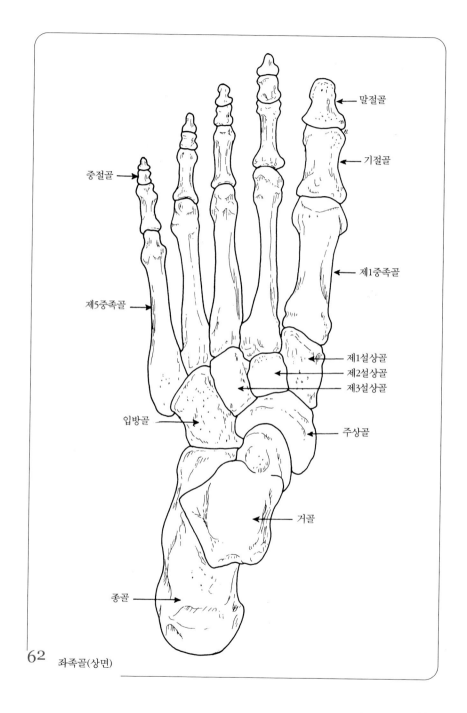

말절골

기절골

중절골 →

제1중족골

제5중족골 →

제1설상골
제2설상골
제3설상골

입방골

주상골

거골

종골

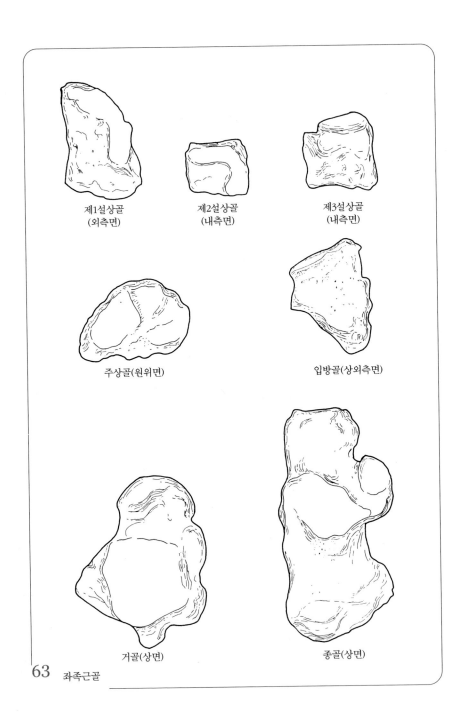

제1설상골
(외측면)

제2설상골
(내측면)

제3설상골
(내측면)

주상골(원위면)

입방골(상외측면)

거골(상면)

종골(상면)

63 좌족근골

• 제2설상골

　제2설상골은 제1설상골과 제3설상골 사이에 위치한다. 이 뼈는 제2중족골과 주상골과 연결된다.

• 제3설상골

　제3설상골은 외측에 위치하는 설상골로 제3중족골과 입방골 등과 연결된다.

| 중족골 |

　중족골은 모두 5개이다(64도). 이들 뼈는 두頭·체體·저底로 이루어져 있다. 중족골은 중수골과 유사한 형태이지만 중수골 보다 가늘고 길다.

• 제1중족골

　제1중족골은 중족골 중 가장 짧고 큰 뼈이다. 제1설상골과 연결되는 저부의 관절면은 D자 상을 하고 있다.

• 제2중족골

　제2중족골은 중족골 중에서 가장 긴 뼈이다. 이 뼈는 제1중족골·제3중족골·제1설상골·제3설상골 등과 연결된다.

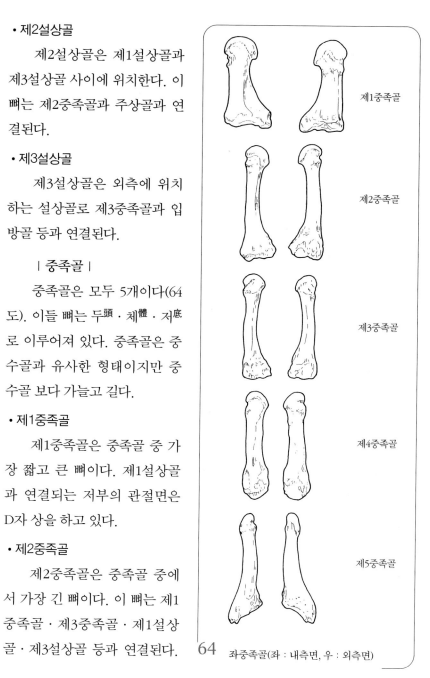

제1중족골

제2중족골

제3중족골

제4중족골

제5중족골

64　좌중족골(좌 : 내측면, 우 : 외측면)

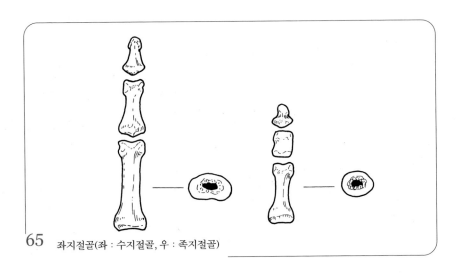

65 좌지절골(좌 : 수지절골, 우 : 족지절골)

외측에 있으며 제3중족골과 연결되는 2개의 관절면이 있다.

• 제3중족골

　　제3중족골은 내측과 외측에 각각 제2중족골 및 제4중족골과 연결되는 관절면이 있다. 제3설상골과 연결되는 저부의 관절면은 삼각형을 하고 있다.

• 제4중족골

　　제4중족골은 내측과 외측에 각각 제3중족골 및 제5중족골과 연결되는 관절면이 있다. 입방골과 연결되는 저부의 관절면은 장방형을 하고 있다.

• 제5중족골

　　제5중족골은 중족골 중 가장 외측에 있는 뼈이다. 때문에 다른 중족골과 연결되는 관절면이 한쪽에만 있다.

| 지절골 |

　　제1지指는 기절골과 말절골로 구성되며 중절골이 없다. 제2~제5지는 모두 기절골 · 중절골 · 말절골 3종류의 지절골로 구성되어 있다. 발의 지

절골도 손의 지절골과 같이 좌우 구별이 아주 어렵다. 때문에 출토인골의 경우, 좌우가 섞이지 않도록 분리하여 수습해야 한다. 또한 손과 발의 지절골은 형태가 아주 비슷하기 때문에 이 두 가지를 구분하는 것 역시 쉽지 않다. 이 경우 골간부의 단면형태가 구분의 기준이 될 수 있는데(65도), 손의 그것은 찌그러진 형태이지만 발의 그것은 타원에 가까운 원형이다.

치아란?

치아는 인간이 가지고 있는 인체조직 중에서 가장 단단하다. 인간의 치아는 절치 · 견치 · 소구치 · 대구치, 4종류로 이루어져 있다. 이들은 돌아나는 시기에 따라 유치와 영구치로 나뉘는데, 유치는 소구치가 없으며 모두 20개(절치 8 · 견치 4 · 구치 8)이다. 영구치는 일반적으로 32개(절치 8 · 견치 4 · 소구치 8 · 대구치 12)이다(66도).

치아의 관찰은 인골연구에 있어 특히 중요하다. 이것은 치아가 출토인골 중에서 가장 잘 유존하는 부분이라는 점 때문이기도 하지만 치아는 연령추정이나 생활습관에 대한 연구에 있어 중요한 자료 중 하나이기 때문이다.

치아의 구조

치아는 치관齒冠 · 치경齒頸 · 치근齒根으로 이루어진다(67도). 치관은 우리의 몸 중에서 가장 단단한 조직인 에나멜질로 덮여 있으며 그 안에는

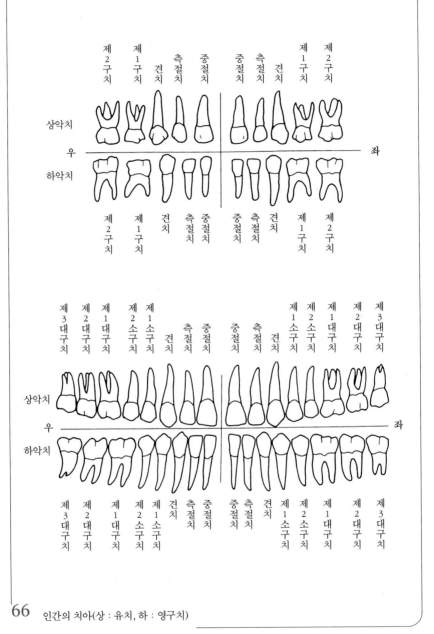

상단 그림 (유치)

상악치 라벨 (우측): 제2구치 제1구치 견치 측절치 중절치
상악치 라벨 (좌측): 중절치 측절치 견치 제1구치 제2구치

상악치 / 우 ─────── 좌 / 하악치

하악치 라벨 (우측): 제2구치 제1구치 견치 측절치 중절치
하악치 라벨 (좌측): 중절치 측절치 견치 제1구치 제2구치

하단 그림 (영구치)

상악치 라벨 (우측): 제3대구치 제2대구치 제1대구치 제2소구치 제1소구치 견치 측절치 중절치
상악치 라벨 (좌측): 중절치 측절치 견치 제1소구치 제2소구치 제1대구치 제2대구치 제3대구치

상악치 / 우 ─────── 좌 / 하악치

하악치 라벨 (우측): 제3대구치 제2대구치 제1대구치 제2소구치 제1소구치 견치 측절치 중절치
하악치 라벨 (좌측): 중절치 측절치 견치 제1소구치 제2소구치 제1대구치 제2대구치 제3대구치

66 인간의 치아(상 : 유치, 하 : 영구치)

상아질象牙質이 있다. 시멘트질은 치근을 덮고 있는 단단한 피막으로 그 안에는 치수강齒髓腔이 있다. 치수강에는 신경神經과 혈관血管이 지나고 있다.

치아의 방향표기

치아의 방향표기는 상완골 등의 장골과는 약간 다르다(68도). 예를

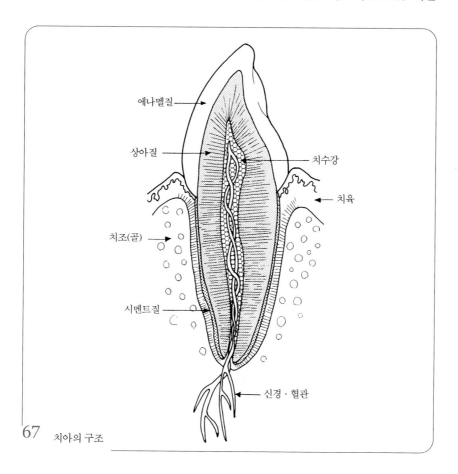

에나멜질

상아질

치수강

치육

치조(골)

시멘트질

신경 · 혈관

67 치아의 구조

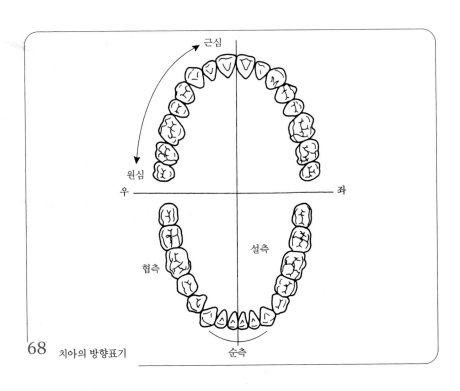

근심

원심

우 ——————————————— 좌

근심

설측

협측

순측

68 치아의 방향표기

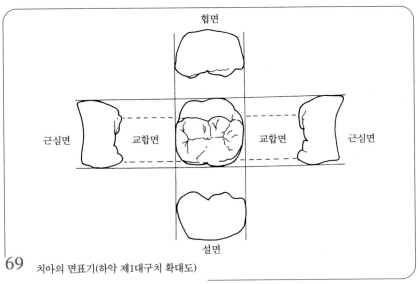

협면

근심면 교합면 교합면 근심면

설면

69 치아의 면표기(하악 제1대구치 확대도)

들면, 뺨이 있는 쪽을 협측頰側, 혀가 있는 쪽을 설측舌側이라고 한다. 또한 협측보다 약간 전방에 있는 전치前齒(절치와 견치)의 경우, 구순口脣을 향해 있는 쪽을 순측脣側이라고 한다. 절치 등 전방에 있는 치아 쪽을 근심측近心側이라고 한다. 이에 대해 제3대구치 등 후방에 있는 치아 쪽을 원심측遠心側이라고 한다.

치아의 「면面」표기에 대해서도 살펴보자(69도). 면 표기는 치아의 어느 부분에 우치齲齒(충치蟲齒)가 있는지 등을 표기할 때에 사용한다. 협측을 향하고 있는 면을 협면頰面, 설측을 향하고 있는 면을 설면舌面, 절치 또는 정중앙에 가까운 쪽을 근심면近心面, 먼 쪽을 원심면遠心面, 상하의 치아가 맞닿는 면을 교합면이라고 한다. 원심면은 치아가 치조齒槽에 있는 경우 가장 후방에 있는 면을 말하며, 이와 정반대인 가장 전방에 있는 면을 근심면이라고 한다.

각 치아

치아는 앞에서 설명한 것처럼 기능과 형태적 특징을 기준으로 구분할 수 있는데, 그 중 영구치는 절치 · 견치 · 소구치 · 대구치, 4종류로 구분된다. 아래에서 각각의 치아에 대해서 살펴보도록 하자.

| 절치 |

절치는 음식물 등을 자르기 위한 치아로 정중앙의 양쪽에 2개씩, 상하 모두 8개이다(70도). 정중앙에 가까운 절치를 중절치라고 하며 중절치의 원심측에 위치한 절치를 측절치라고 한다.

절치의 치근은 1개이다. 또한 절치의 한쪽 면에는 1개의 절연切緣(날)

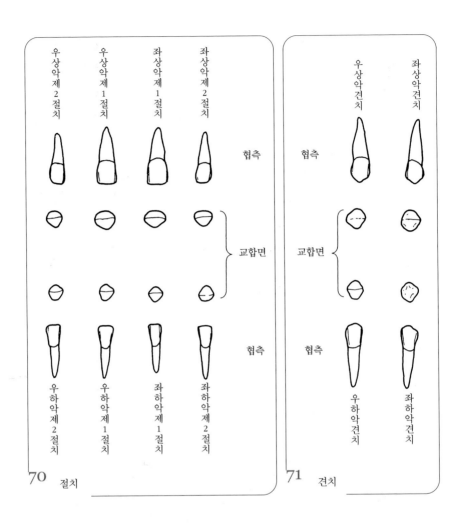

70 절치

71 견치

이 있는데 이 절연은 반드시 정중앙에 있다. 이를 통해 중절치와 측절치를 구별할 수 있다. 또한 일반적으로 상악의 절치는 하악의 그것보다 길고 폭이 넓은 특징이 있다.

| 견치 |

견치는 절치의 원심측에 있는 치아로 상하좌우 각 1개씩 모두 4개이다(71도). 견치의 치근은 1개이며 치아 중에서 가장 길다.

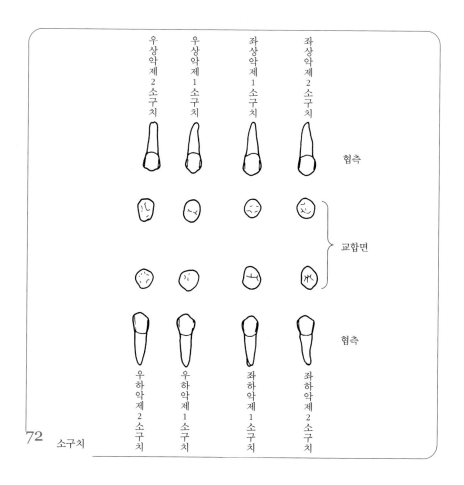

우상악제2소구치 우상악제1소구치 좌상악제1소구치 좌상악제2소구치

협측

교합면

협측

우하악제2소구치 우하악제1소구치 좌하악제1소구치 좌하악제2소구치

72 소구치

| 소구치 |

소구치는 견치의 원심측에 있는 치아로 상하좌우 각 2개씩 모두 8개이다(72도). 전방에 있는 소구치를 제1소구치, 후방에 있는 소구치를 제2소구치라고 한다. 소구치에는 치관의 협측과 설측에 교두咬頭라는 돌기가있는데 이는 음식물을 으깨는 역할을 한다. 소구치의 치근은 1~2개이다.

| 대구치 |

대구치는 소구치의 원심측에 있는 치아로 상하좌우 각 3개씩 모두 12

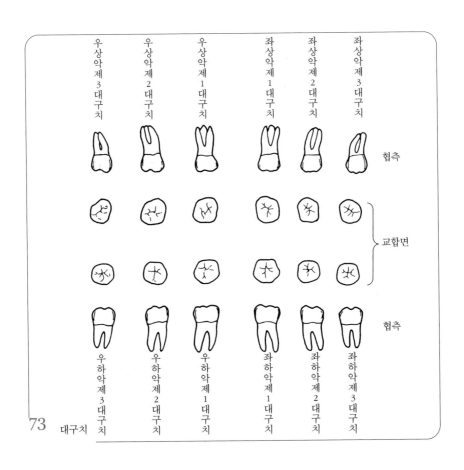

우상악제3대구치　우상악제2대구치　우상악제1대구치　좌상악제1대구치　좌상악제2대구치　좌상악제3대구치

협측

} 교합면

협측

우하악제3대구치　우하악제2대구치　우하악제1대구치　좌하악제1대구치　좌하악제2대구치　좌하악제3대구치

대구치

개이다(73도). 전방에서부터 제1대구치, 제2대구치, 가장 원심에 있는 대구치를 제3대구치라고 한다. 맹출 연령을 살펴보면, 제1대구치는 6세, 제2대구치는 12세, 제3대구치는 18세 정도에 돋아난다고 한다. 그 중 소위 '사랑니'라고 부르는 제3대구치는 돋아나지 않는 경우도 있다.

대구치의 치관 형태는 아주 복잡하지만, 하악은 좌우 대칭을 이루는 반면 상악은 비대칭을 이루는 특징이 있어 비교적 구분하기 쉽다. 상악 대구치의 치근은 3개, 하악 대구치의 치근은 2개이다. 또한 3개의 대구치 중 제1대구치가 가장 크며 제3대구치는 상대적으로 작다.

04 인골에 보이는 질병의 흔적

인간과 질병의 관계

우리 인간은 아무리 주의하더라도 어떠한 질병에든 걸리기 마련이다. 지금까지 아무런 질병에 걸리지 않고 100% 건강한 상태로 살아 온 사람은 아마도 없을 것이다.

인간은 과학기술을 진보시켜 현재 지구상의 어떠한 생물보다 뛰어난 존재로 살아가고 있다. 그러나 가장 뛰어난 존재라 자부하는 인간조차 우연한 일로 눈에 보이지도 않는 작은 바이러스로 인해 질병에 걸리며 심지어는 목숨을 잃는 경우도 있다.

질병은 사회에 큰 영향을 준다. 예를 들면 기원전 4세기경 동방원정을 이루어낸 마케도니아의 알렉산더 대왕은 원정 중 질병에 걸려 불귀의 객이 되었다. 그가 만일 병사하지 않았었다면 역사는 크게 바뀌었을 것이다. 또한 우리들이 걸리는 질병은 시대에 따라 변한다. 15세기 아메리카대륙을 발견한 콜럼버스는 「매독梅毒」이라는 성병性病의 확산에 일역을 담당하였으며, 수십 년 후 매독은 일본에까지 상륙했다. 매독은 원래 일본에는 없던 질병이었는데 외국인들과의 접촉에 의해 발생하게 되었다.

표 1. 고병리학에서 주의해야 할 질병 리스트

I . 외상
1. 골절(변형과 위간절을 포함)
2. 탈구
3. 전투 및 무기에 의한 외상, 골손상
4. (사지의) 절단
5. 두골에 대한 인위적 · 외과적 손상(천두술)
6. 외상후성 화골성근염

II . 염증성질환
1. 비특이적 염증성 질환
　① 골막염
　② 골수염(오공, 부골형성을 포함)
2. 특이적 염증성 질환
　① 결핵성 골관절염
　② 매독성 골염
　③ 한센병에 의한 골변화
　④ 방선균증
　⑤ 실모양균증(Mycosis)
　⑥ 브루셀라병(Brucellosis)

III . 종양
1. 양성(골)종양
　① 양성골종
　② 골연골종
　③ 유골골종
　④ 다발성 연골성외골종
2. 중간성(골)종양
　① 고립성골낭종
　② 골거세포종
　③ 선유성골이형성증
　④ 골조직구증 X
　⑤ 방골성골육종
3. 악성(골)종양
　① 골육종
　② 연골육종
　③ 골선유육종

④ 유잉(Ewing)육종
⑤ 다발성 골수종
⑥ 암의 골이전

IV . 대사성 · 내분비질환
1. 구루병, 골연화증
2. 괴혈병
3. 부갑상기능항진증
4. 페제트(Paget)병
5. 뇌하수체 기능항진 또는 저하증(거인증 또는 하수체성 주유)
6. 철결핍성빈혈(Cribra Orbitalia-안와상판 다공성변화)
7. 골조송증

V . 관절질환 및 척추질환
1. 류머티즘(Rheumatism)과 유연질환
　① 관절 류머티즘
　② 약년성 관절 류머티즘
　③ 강직성 척추염
2. 퇴행성 만성 관절질환
　① 변형성 골관절증, 변형성 슬관절증, 변형성 고관절증, 변형성 견관절증, 변형성 주관절증
　② 통풍
　③ 신경병성 관절증
3. 척추질환
　① 요선이행추
　② 척추분리증
　③ 변형성척추증
　④ 슈몰(Schmorl)결절
　⑤ 척추관협착증
　⑥ 인대골화증
　⑦ 셔우만(Scheuermann)병(청소년기 후만증)

VI . 선천성 골계통질환 · 기형증후군

1. 골연골이형성증
　① 연골무형성증
　② 쇄골 · 두개변이성증
　③ 변형성 골이형성증
2. 골형성이상 등
　① 골형성부전증
　② 대리석골병
3. 두개골변형
　① 두개골봉합 조기폐쇄
　② 두개저함입증
　③ 후두골 환추유합증
　④ 구개열
4. 척추변형
　① 치돌기형성부전
　② 클리펠 트레노네이 베버(Klippel Trenaunay Weber) 증후군(KTS)
　③ 척추피열
　④ 반추
　⑤ 측만증(특히 특발성)
5. 고관절질환
　① 선천성고관절탈구
　② 펠테스병(소아대퇴골두 무혈성괴사)
　③ 대퇴골두괴사

VII . 마비성질환
1. 뇌성마비
2. 척추성 소아마비(Polio)
3. 변성질환

VIII . 치아 · 치주질환
1. 선천적 치아이상
2. 우치(충치)
3. 치주질환, 종양형성

IX . 그 외
1. 분만장해
2. 대동맥류

결국, 우리들이 걸리는 질병은 개인적인 것인 한편, 그렇지 않은 측면 즉 사회적인 측면도 함께 가지고 있다. 때문에 고인골에서 질병의 흔적을 조사함으로써 당시 사람들의 생활상황과 환경의 변화 그리고 집단 내에 존재하는 질병의 의미 등 고역학古疫學적 관점에서 연구를 진행할 수 있다.

고인골을 관찰하여 그 사람이 생전에 걸린 질병을 조사하는 연구분야를 「고병리학古病理學」이라고 한다. 고병리학 연구는 개별 인골을 관찰하고 그 중 병적 소견이 있는 것을 찾아내어 데이터를 축적해 나감으로써 진행할 수 있다(표1).

병변인골의 감정

병변病變이 있는 인골과 없는 인골은 어떻게 다를까? 인골 관찰에 익숙하지 않은 분들에게는 병변인골에 대한 감정이 쉽지 않다. 심지어 너무 의욕적으로 병변인골을 찾으려 한 나머지 소골小骨이 결락되어 있는 것만으로도 이를 병변의 증거로 간주해 버리는 우를 범할지도 모른다. 다시 말해 병변인골의 감정이 그만큼 어렵다는 것인데 그렇다 하더라도 병변인골 여부에 대한 감정을 조금씩 하다 보면 어느 정도 가능해 질 수 있다. 따라서 이 장에서는 병변인골의 관찰 포인트에 대해 간략하게 설명하겠다.

자신이 어느 정도 관찰해 보아서 병변이라고 생각된다면 그 부분을 살짝 만져본다. 만일 그것이 질병에 의한 것이라고 한다면 해당부분은 틀림없이 거칠어져 있을 것이다(74도). 하지만 미성인골에서도 동일한 촉감이 느껴질 수 있기 때문에 주의가 필요하다.

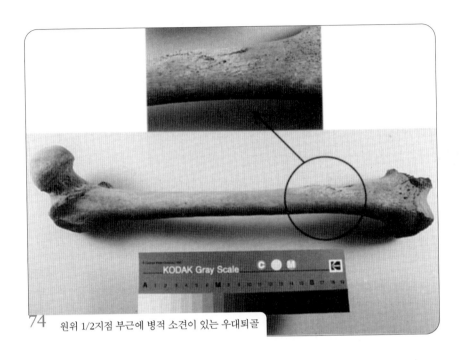

74 원위 1/2지점 부근에 병적 소견이 있는 우대퇴골

골절에 대하여

유적에서 출토된 인골에 골절의 흔적이 남아 있는 경우가 있다.

골절의 분류방법은 다양하지만 개방성골절開放性骨折과 폐쇄성골절閉鎖性骨折, 두 가지로 크게 구분할 수 있다(75도). 이들 두 골절은 피부와의 관계에 따른 분류로 개방성골절은 연부조직의 손상이 현저하여 피부의 상처와 골절부위가 교통交通해 있는 상태를 말하며, 폐쇄성골절은 골절부위의 연부조직 손상이 비교적 가벼워 피부의 상처와 골절부위가 교통해 있지 않은 상태를 말한다. 또한 골절선骨折線의 상태에 따라 뼈가 완전하게 부러져 연속성이 끊어진 완전골절完全骨折과 뼈가 완전하게 끊어지지 않은 상태 즉 금이 간 불완전골절不完全骨折 두 가지로 구분할 수도 있다.

76도는 출토인골에서 자주 확인되는 골절을 제시한 것인데, 이는 뼈

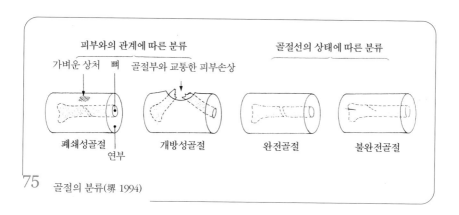

75 골절의 분류(堺 1994)

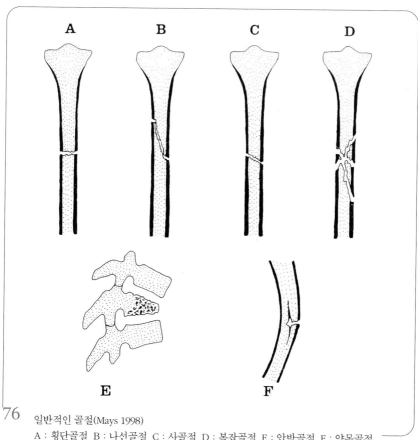

76 일반적인 골절(Mays 1998)

    A : 횡단골절   B : 나선골절   C : 사골절   D : 복잡골절   E : 압박골절   F : 약목골절

에 어떠한 힘이 가해져 어떻게 골절되었는가에 따라 분류한 것이다. 횡단골절橫斷骨折은 뼈에 거의 수직으로 힘이 가해져 골절된 것이며, 나선골절螺旋骨折은 비트는 힘이 가해져 골절된 것이다. 사골절斜骨折은 꺾거나 비트는 힘이 복수로 가해져 생긴 골절이다. 복잡골절複雜骨折은 보다 큰 힘이 가해져 뼈가 복수의 파편으로 부서진 것을 말한다. 이들 네 골절은 뼈가 완전하게 부러져 버려 연속성이 끊어진 것이기 때문에 완전골절이라고 할 수 있다.

다음에 서술할 압박골절壓迫骨折과 약목골절若木骨折은 뼈의 연속성이 끊어져 있지 않기 때문에 불완전골절이라고 할 수 있다. 압박골절은 척추 중에서도 제11흉추·제12흉추·제1요추·제2요추에서 자주 확인된다. 약목골절은 유연한 미성인골에서 볼 수 있다. 미성인골은 성인골보다 탄력적이기 때문에 꺾이는 힘이 가해질 때 횡단골절이 되는 대신 불완전골절의 일종인 약목골절이 일어난다.

감염증에 대하여

현재 일본에서 가장 오래된 결핵結核은 돗토리현鳥取縣 아오야카미지치유적靑谷上寺地遺蹟에서 출토된 인골에서 확인되었다. 이 유적은 복합유적이기 때문에 정확한 시기 추정은 어렵지만 결핵의 소견이 확인된 인골은 야요이시대弥生時代 후반의 유구에서 출토된 것으로 알려지고 있다. 이보다 이전시기로 올라가는 결핵 소견의 인골은 아직 출토되지 않았다. 분명 결핵의 유행은 당시 사람들에게는 꽤 심각한 일이었을 것으로 추측할 수 있다.

결핵을 비롯한 감염증의 유행은 다양한 요인이 복잡하게 얽힌 결과로 나타나는 현상으로 생각할 수 있다. 77도는 결핵이 유행하는데 필요한

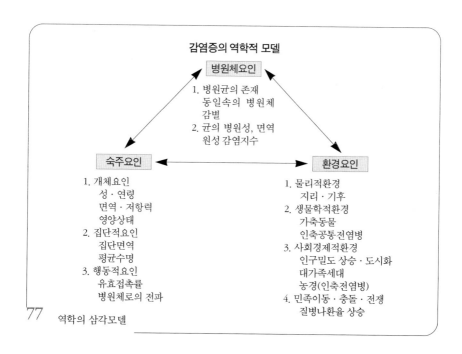

감염증의 역학적 모델

병원체요인

1. 병원균의 존재
   동일속의 병원체
   감별
2. 균의 병원성, 면역
   원성 감염지수

숙주요인

1. 개체요인
   성 · 연령
   면역 · 저항력
   영양상태
2. 집단적요인
   집단면역
   평균수명
3. 행동적요인
   유효접촉률
   병원체로의 전파

환경요인

1. 물리적환경
   지리 · 기후
2. 생물학적환경
   가축동물
   인축공통전염병
3. 사회경제적환경
   인구밀도 상승 · 도시화
   대가족세대
   농경(인축전염병)
4. 민족이동 · 충돌 · 전쟁
   질병나환율 상승

77 역학의 삼각모델

요인을 크게 세 가지로 분류한 것이다. 즉 환자가 되는 숙주宿主요인, 질병의 원인이 되는 병원체病原體요인, 그리고 그들이 처해 있었던 환경이 어떠하였는가하는 환경環境요인으로, 이들 세 요인의 상호작용에 의해 결핵이라는 질병이 야요이시대 이후 폭발적으로 유행하였음을 알 수 있다.

결핵은 이전까지의 일본인(죠몽시대 사람들)이 접해 본적이 없는 새로운 질병이었다. 때문에 그들은 이 질병에 대한 면역을 가지고 있지 않았다. 즉 환자가 되는 숙주는 결핵균이 체내로 들어오더라도 결핵균에 대한 항체가 전혀 형성되어 있지 않은 무저항 상태였던 것이다. 결핵이 뼈에 까지 영향을 미치게 되면 척추의 추체가 찌그러져 유합되는데 이는 결핵 특유의 소견이다.

이외에도 감염증 중에는 인골에 특징적인 소견을 남기는 질병이 있다. 예를 들면 성병의 일종인 매독은 두개골 전체에 분화구(crater) 모양의 혼적을 생기게 하는 한편, 78도와 같이 경골 전체와 상완골의 근위 · 원위 등에서도 매독에 의한 만성골수염慢性骨髓炎이 확인되기도 한다.

고병리학의 가능성

앞에서 설명한 것처럼 고인골을 대상으로 질병의 여부와 내용을 관찰하는 연구분야를 고병리학이라고 한다. 하지만 유적에서 출토되는 고인골 중에는 질병의 흔적이 전혀 남아 있지 않는 경우도 있다. 예를 들면 각기병脚氣病(beriberi)이나 적리赤痢(dysentery) 등의 질병은 인골에 흔적을 남기지 않는다. 또한 인골에 흔적을 남기는 질병이라 하더라도 그 영향이 인골에 까지 이르지 않은 경우에는 흔적이 남지 않는다. 결핵의 경우, 일반적으로 폐결핵肺結核의 빈도가 높아 장기에는 많은 영향을 주지만 인골에 반드시 그 흔적을 남기는 것은 아니다.

한편 인골에 질병의 흔적이 남아 있지 않더라도 고문서와 회화 등의 자

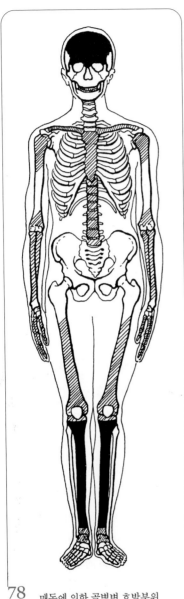

78 매독에 의한 골병변 호발부위
■ 가장 빈발하는 부위
▨ 비교적 빈발하기 쉬운 부위
(Steinbock 1976)

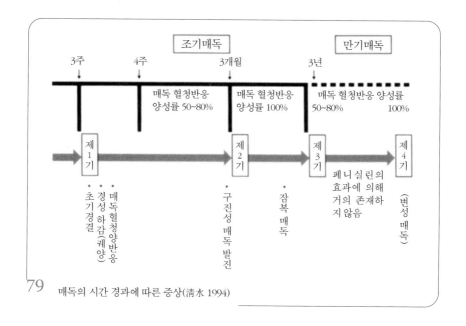

매독의 시간 경과에 따른 증상(淸水 1994)

료를 기초로 하여 당시 사람들이 어떠한 질병을 앓고 있었는지에 대한 연구도 이루어지고 있다. 이러한 연구는 의학사적醫學史的 연구 방법이라 할 수 있으며 이러한 접근은 분명 한계가 있지만 인골을 이용한 데이터와 함께 고찰해 감으로써 충분히 의미있는 연구를 진행할 수 있다. 예를 들면 에도시대에 결핵에 걸린 사람이 존재하였음은 문헌자료 등으로 볼 때 분명한 사실이다. 그러나 에도시江戶市의 묘지에서 뼈에 결핵 소견을 가진 인골이 출토된 사례는 거의 없다. 때문에 결핵이 뼈에 영향을 미치기 전에 결핵에 걸린 사람이 죽어버렸거나 또는 결핵에 걸린 사람들은 에도시 안이 아닌 다른 장소에 매장했던 것으로 추측할 수 있다. 또한 앞에서 서술한 매독의 경우에도 골매독骨梅毒으로써 인골에 흔적이 남는 것은 증상의 제3기 이후로 제1~2기의 인골에서는 매독특유의 소견을 발견할 수 없다 (79도). 이와 같이 인골에서 확인되는 병변이 그 사람이 앓았던 모든 질병을 보여주지는 않는다는 것을 기억해야 한다.

그렇다면 과거의 사람들과 현대의 우리들 중 누가 더 건강할까? 이는 자주 듣는 질문이지만 이에 대해 명쾌하게 답한다는 것은 쉽지 않다.

우리들은 의학의 진보와 함께 다양한 질병을 극복해왔다. 메이지시대明治時代까지 불치의 병으로 여겨졌던 결핵과 같은 질병으로 목숨을 잃는 일은 이제 거의 없다. 그러나 한편으로는 폐암肺癌으로 사망하는 사람들이 꾸준히 늘어나고 있으며 도시에서 분주하게 생활한 결과로 정신질환에 걸리는 사람도 생겨나고 있다. 보다 쾌적한 생활환경을 추구하고 있기는 하지만 우리들은 반대로 중요한 무언가를 잃어 가고 있는지도 모른다.

05 고인골로부터 알 수 있는 것

지금까지 고고학 전공자들을 위해 현장에서 출토된 인골의 취급과 부위동정을 중심으로 설명하였다. 이는 엄밀하게 말하면 연구라 하기 보다는 오히려 작업으로서의 측면이 더 강하다고 할 수 있다.

앞에서 제시한 바와 같이 고고학 분야에서도 고인골을 분석·조사한 결과를 기초로 하는 연구는 이미 부분적으로 이루어지고 있으며 새로운 관점에서의 연구 또한 다양하게 시도되고 있다. 이에 제5장에서는 고인골을 이용한 다양한 연구에 대해 살펴보고자 한다.

치관계측치를 이용한 친족관계 연구

횡혈묘橫穴墓에 복수의 인골이 매장되어 있는 경우, 그들은 서로 어떠한 관계였을까? 이러한 질문에 대해 과거의 고고학 분야에서는 묘역의 분포나 매장되어 있는 피장자의 두향 등을 이용한 방법이 시도되었다. 그러나 이러한 연구방법만으로는 「친족구조親族構造의 해명解明」이라는 질문에 답한다는 것은 실제 어려운 측면이 있다. 때문에 통과의례通過儀禮에 따른 것으로 상정되는 발치拔齒의 유무를 조사하여 피장자의 출자出自와 소속된 집단 간의 관계를 밝혀내고자 하는 시도도 이루어져 왔다. 이러한 친족구조의 해명에 접근하는 방법 중 하나가 인류학에서의 치관계측치齒冠計測値를 이용하는 방법이다. 치관계측치란 치관부의 크기를 다양한 방향에서 측정한 수치를 말한다.

치아의 크기는 환경적 요인보다도 유전적遺傳的 요인에 의해 결정된다고 한다. 또한 치아는 다른 뼈 조직에 비해 상대적으로 유존율이 높기 때문에 관찰 가능한 개체수를 증가시킬 수 있다는 장점이 있다. 치관계측치를 이용하여 친족관계를 찾는 방법은 하니하라 카즈로埴原和郞와 미조구치 유지溝口優司에 의해 제창되었으며, 타나카 요시유키田中良之와 도이 나오미土肥直美에 의해 실시되었다.

타나카 요시유키가 연구성과를 발표한 오이타현大分縣 산코우촌三光村의 우에노하라횡혈묘군上ノ原横穴墓群에서 출토된 인골을 예로 들어 그 개요를 살펴보자.

우에노하라上ノ原 27호 횡혈묘에서는 40대의 남성(1호 인골), 30대의 남성(2호 인골), 30대의 여성(3호 인골) 모두 3개체의 인골이 출토되었다. 이 횡혈묘의 시기는 공반유물인 스에키須惠器로 보아 5세기 후반에서 6세기 초로 생각된다. 이들 3개체의 피장자는 언뜻 보면 거의 동시기에 매장된 것으로도 생각되지만, 층위 등을 관찰한 결과 각 개체의 매장은 1호 인골 → 2호 인골 → 3호 인골의 순으로 약 10년간 또는 그 이상의 간격을 두고 이루어졌던 것으로 추측된다.

그렇다면 이 사람들은 서로 어떠한 관계였을까?

80도는 우에노하라 27호 횡혈묘에서 출토된 1호 인골과 2호 인골의 치관계측치를 통계해석統計解析에 의해 제시한 것이다. 이러한 도면을 수지상도樹枝狀圖라고 하는데, 근접해 있는 것 즉 거리가 가까운 것일수록 유사

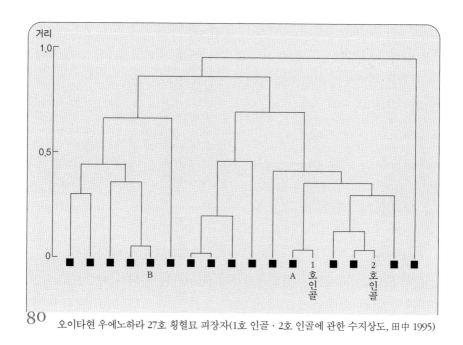

거리
1,0
0,5
0

B   A 1 호
                         인
                         골

2 호
인
골

80 오이타현 우에노하라 27호 횡혈묘 피장자(1호 인골·2호 인골에 관한 수지상도, 田中 1995)

성이 강함을 의미한다. 따라서 1호 인골과 이웃해 있는 「A」는 1호 인골과
가장 유사한 것이 된다. 반대로 「B」는 1호 인골과 많이 떨어져 있다. 때문
에 「B」와 1호 인골은 그다지 유사하지 않다고 할 수 있다. 결국 각 대상들
은 모두 「⊓」로 연결되어 있기는 하지만 반드시 강한 유사성을 보이는 것
은 아니다.

그렇다면 1호 인골과 2호 인골은 유사하다고 할 수 있을까? 2호 인골
은 1호 인골의 바로 옆은 아니지만, 1호 인골과 2번째 소분류로 묶여지고
있다. 그렇기 때문에 1호 인골과 2호 인골은 유사성이 강하다고 할 수 있
다. 2호 인골과 3호 인골에 있어서도 거의 동일한 양상이 확인되고 있는
것으로 보아 이들 3인은 모두 혈연관계血緣關係에 있는 친족親族이었을 것으
로 추정된다. 여기에서 더욱 중요한 것은 이 분묘에는 1호 인골(남성), 2호
인골(남성), 3호 인골(여성)에 각각 동반되는 배우자가 매장되어 있지 않

았다는 사실이다. 때문에 이 분묘는 부계제父系制에 기초한 매장형태埋葬形態를 취하고 있었던 것으로 추정되고 있다. 또한 우에노하라횡혈묘군에서는 이러한 부계제에 의한 매장형태의 횡혈묘가 이외에도 수 기 더 확인되었다고 한다.

DNA분석으로 알 수 있는 것

|DNA란?|

최근 신문을 비롯한 각종매체에서 DNA라는 용어가 자주 언급되고 있다. DNA란 무엇일까요? DNA의 정식명칭은 디옥시리보 핵산核酸(Deoxyribo nucleic acid)이라고 한다. DNA는 A · T · C · G, 네 문자로 표현되는 4개의 염기물질이 연결된 것으로 이중나선구조를 하고 있다.

DNA에는 인간을 비롯한 다양한 생물체의 형태를 만들고 생명활동을 담당하는 정보가 기록되어 있다. 예를 들면 자식이 부모와 닮는 이유는 DNA를 전해 받은 결과이다. DNA에는 사람이 성장하고 다음 세대에도 동일하게 전해져야 할 정보로 가득 차 있다. 때문에 DNA는 그 배열 방식으로 개인의 차이를 나타냄과 동시에 생물진화의 역사가 고스란히 새겨져 있다고 할 수 있다.

|고인골의 DNA분석|

DNA는 유적에서 출토된 고인골 연구에서도 중요시되고 있다. DNA를 분석하면 과거 형태분석 위주의 연구로는 해명할 수 없었던 정보를 얻

을 수 있기 때문이다. DNA를 분석하면 다음과 같은 사실을 알 수 있다.

① 파편상태로 출토된 작은 골편骨片은 인간의 것인가?
② 출토된 인골은 남성인가? 여성인가?
③ 출토된 인골의 혈연관계는 어떠한가?

DNA분석에 필요한 인골의 양量은 일반적으로 수 g정도이다. 인골 중에도 많은 세포를 함유하고 있는 치아는 특히 이러한 분석에 적합하여 치아 1개만 있으면 DNA분석은 충분하다. 그러나 고인골로부터 분석에 필요한 DNA를 추출하는데 아주 어려운 부분이 존재하는 것도 사실이다. 왜냐하면 흙 속에 오랜 기간 묻혀 있었던 인골은 이미 완전한 DNA의 형태를 보유하고 있지 못하다. 때문에 인골로부터 추출된 아주 조금의 DNA를 기본으로 하여 이것을 증폭시켜 충분한 양으로 복제한 후 분석을 시도해야 한다.

DNA를 분석하면, 예를 들어 다음과 같은 사실을 알 수 있다.

사가현佐賀縣 치요다정千代田町의 타쿠타니시분유적詫田西分遺蹟에서는 옹관묘에서 37개체, 토광묘에서 75개체, 모두 112개체의 인골이 출토되었다. 이 중 옹관묘 9개체, 토광묘 17개체에서 DNA를 추출하였으며, 이는 우에타 신타로植田信太郎에 의해 분석되었다. 그 결과 옹관묘에서 얻어진 DNA와 토광묘에서 얻어진 DNA는 각각 다른 혈연관계였을 가능성이 높다는 것 즉 옹관묘에서 얻어진 DNA와 토광묘에서 얻어진 DNA는 다른 계보를 이어 받은 것으로 추정된다는 견해가 우에타 신타로와 오타 히로키太田博樹에 의해 발표되었다.

이러한 분석결과는 매장형태의 차이가 혈연관계의 차이에 기초하고 있음을 시사하는 것이라고 생각된다. 고인골에 대한 연구에서 DNA분석을 응용하는 시도는 이제 막 시작되었지만 앞으로 더욱 귀중한 데이터를 제공해 줄 것으로 기대된다.

수상인골로부터 알 수 있는 것

생존시에 당한 것으로 생각되는 절상切傷과 자상刺傷 등이 출토인골에서 관찰되는 경우가 있다. 이러한 인골을「수상인골受傷人骨(상처 입은 인골)」이라고 한다(81도). 수상인골 중에는 머리가 절단되었거나 두부와 안면부에 큰 상처를 입고 있는 것이 있는데 아마도 이러한 상처를 입은 사람은 즉사卽死했을 가능성이 크다.

사가현佐賀縣 칸자키정神埼町에 있는 요시노가리유적吉野ヶ里遺蹟은 창고군倉庫群과 거관居館 등을 동반한 거대한 환호취락環濠聚落이 존재했던 것으로 잘 알려져 있는데 이 유적내의 옹관에 매장된 인골 중 두개골이 없는 인골이 발견되었다는 사실 역시 유명하다. 마츠시타 타카유키松下孝幸에 의하면 이 인골의 두개골은 환추와 축추가 함께 결락되어 있으며 유존해 있는 추골에서는 이기利器에 의한 절단흔切斷痕이 확인되었다고 한다.

한편 후쿠오카현福岡縣 츠쿠시노시築紫野市의 나가오카유적永岡遺蹟에서도 수상인골이 발견되었다. 이 인골은 남성으로 골반에 동검銅劍의 끝부분이 꽂혀 있는 상태로 출토되었다. 이 인골에서는 치유흔治癒痕 역주9)이 전혀 확인되지 않았기 때문에 이를 감정한 나카하시 타카히로中橋孝博는 아마도 즉사하였을 것으로 추정하였다. 그들이 심한 상처로 인해 사망한 사람이

역주9) 질병에 걸리면서 일어나는 신체의 변화를 병변(病變)이라고 한다면 질병이나 외상이 낫는 것을 치유(治癒)라 하며 치유되면서 남는 흔적을 치유흔이라고 한다.
유적에서 출토되는 인골에서는 골절과 관련된 (자연)치유흔이 자주 관찰된다. 골절이 발생하게 되면 해당 부위에 림프액과 혈액이 분비·응고되며 결합직성(結合織性)세포(=골아(骨芽)세포) 등이 생성·증식되어 가골(假骨=위골(僞骨))을 형성하게 된다. 이후 골화되면서 완전 치유되는데 이 부분이 바로 치유흔이다. 골절 후 정상적인 치료를 받지 못할 경우, 골절부위에 부정형의 골괴(骨塊)가 형성되거나 주위의 다른 뼈와 유합되는 등의 변형치유 현상이 일어나기도 하는데 이를 통해 당시 사람들이 처해 있었던 열악한 의료 여건이나 노동 환경 등을 미루어 짐작할 수 있다.

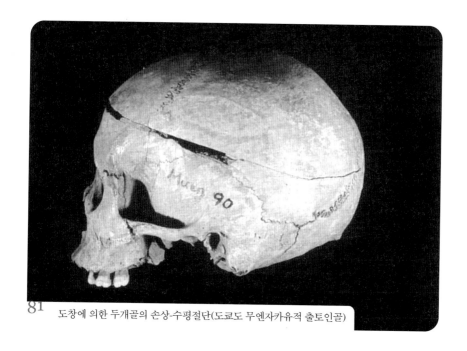

81   도창에 의한 두개골의 손상-수평절단(도쿄도 무엔자카유적 출토인골)

라는 사실은 틀림없다. 문제는 그들이 왜 그러한 상처를 입었는가 하는 것이다.

일반적으로 출토인골에서 보이는 외상으로부터 집단적인 전투행위 내지는 전쟁戰爭 등을 연상하는 연구자가 많은 것 같다. 그러나 주의하지 않으면 안되는 것은 수상인골의 대부분이 성인 남성으로 모두 정중한 매장행위가 이루어져 있다는 사실이다. 최근 화제가 되었던 고치현高知縣 토사시土佐市의 이토쿠유적居德遺蹟에서도 이러한 현상이 확인되었다. 이토쿠 유적居德遺蹟은 죠몽시대 만기晩期를 중심으로 하는 유적으로 포함층에서 동물뼈獸骨와 함께 수 개체의 수상인골이 출토되었다. 그러나 이를 감정한 나카하시 타카히로에 의하면 「수상인골」 중 명확하게 무기로 상처를 입은 것은 1개체뿐이며 나머지 수 개체에 대해서는 현재로서는 알 수 없다고 하였다.

용어에 대한 정의와 관련된 문제이기는 하지만 전쟁과 싸움을 혼동해서는 안 된다. 인간은 누구나 싸움을 하며 그것이 격해져 살인으로 발전하는 경우도 종종 있다. 중요한 것은 이러한 「싸움」과 「전쟁」은 다르다는 것이다. 또한 이기로 입은 상처와 그렇지 않은 상처를 구별하는 작업 역시 말처럼 그리 간단하지 않다. 「전쟁」의 유무를 수상인골만으로 판단하는 것은 매우 위험하며 이에 대한 문제는 당시의 구체적인 전투 형태 등을 근거로 하여 종합적으로 고찰할 필요가 있다.

부장품과 피장자 - 생물학적 성과 문화적 성 -

분묘에서는 피장자와 함께 부장품이 출토된다. 고고학에서는 이들 부장품의 종류와 수, 조합 등과 함께 분묘의 주체부와 분구의 규모 등을 고려하여 피장자의 성격을 상정하는 연구가 꾸준히 이루어지고 있다. 그러나 이러한 연구에는 피장자 자신에 대한 정보는 전혀 반영되어 있지 않다. 예를 들어 상기한 연구에서 피장자의 성별을 함께 고려한다면 어떠한 사실들을 알 수 있게 될까?

모리 고이치森浩一와 야나기사와 가즈오柳澤一男는 고분에 여성만 매장된 경우에는 부장품으로써 화살촉鏃이 매장시설에 부장될 가능성이 적다고 하였다. 카와니시 히로유키川西宏幸 · 츠지무라 스미요辻村純代의 연구에서도 동일한 견해가 제시되었다. 그들은 약 80례의 매장시설을 조사하여 여성 피장자의 분묘에는 화살촉뿐만 아니라 갑주甲冑와 모矛도 거의 부장되지 않는다는 사실을 지적하였다.

최근에는 무기 중에도 위신구威信具로서의 요소를 강하게 가지고 있는 화살촉 · 갑주 · 초형석鍬形石은 남성 피장자, 팔 주변에 부장된 차륜석車輪

石과 석천石釧은 여성 피장자의 것일 가능성이 높다는 견해가 제시되었다. 이러한 견해를 제시한 연구자는 고분시대古墳時代 전기~중기로 편년되는 189기의 매장유구에 관한 데이터를 집성한 세이케 아키라淸家章이다.

　우리 인간은 생물학적 성生物學的 性에 의해 구별되기도 하지만 동시에 문화적 성文化的 性(Gender)에 의해서도 구별된다. 이러한 성별에 따른 부장품 차이에 관한 연구는 생물학적 성과 문화적 성 모두를 고찰하는 데에 매우 중요하다. 그러나 여기에서 하나 주의해야 할 것은 인골의 성별판정이 그리 쉽지 않다는 사실이다. 이에 대해서는 제2장을 읽어보신 분은 이미 알고 있을 것으로 생각된다.

　특히 관골이 거의 완전한 형태로 유존해 있지 않은 경우에는 두개골과 상완골 등 사지골의 형태적 특징만으로 추정할 수밖에 없다. 이러한 경우 사실과 다른 성별판정을 할 수도 있다. 예를 들면 상완골의 근부착면이 발달해 있다고 해서 바로 남성으로 단정하는 것은 위험하다. 구마모토현熊本縣의 무코우노다고분向野田古墳과 이바라키현茨城縣의 산마이즈카고분三昧塚古墳(82도)과 같이 관골이 잘 유존해 있는 예를 제외하면 남녀 성별에 대한 판별정도判別精度는 아주 낮다. 물론 이것은 관찰자의 숙련도와 관계없이 그렇다는 것이다. 때문에 예를 들어 인류학자가 어떤 출토인골에 대해서 남성으로 생각되는 항목을 들어 고찰 또는 결과보고서에 「남성일 가능성이 높다」라고 서술하였더라도 이는 어디까지나 가능성에 지나지 않는다는 것이다.

　고고학을 전공하는 대부분의 연구자들은 직접 출토인골의 성별을 감정할 기회가 거의 없을 것이다. 고고학과 마찬가지로 인류학에서도 실물자료(출토인골)는 연구자가 직접 관찰하는 것이 기본이다. 그렇기 때문에 인골을 감정하는 눈을 가지지 못한 사람이 앞에서 말한 것처럼 「가능성」에 기초한 보고서의 기술만을 신뢰하여 의견을 개진한다면 사실과 전혀 다른 가설이 성립될 가능성이 있으므로 주의해야 한다.

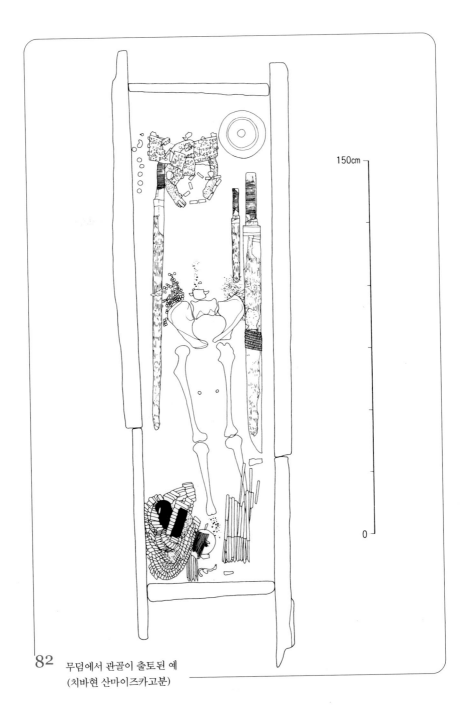

150cm

0

인골로 본 죠몽의 생활환경

　죠몽시대 사람들의 수명은 지금의 우리들에 비해 아주 짧았을 것으로 생각된다. 이는 유유아乳幼兒 사망률死亡率이 현저히 높았기 때문으로 당시 사람들의 평균수명은 30세 정도였다고 한다. 그리고 그들의 생활환경이 혹독했음은 죠몽시대 유적으로부터 출토된 인골에서 확인되는 골절의 양상으로도 예상할 수 있다. 죠몽시대 사람들의 정확한 골절 발생빈도를 추정하는 것은 곤란하지만 필자 중 한 사람인 스즈키 타카오鈴木隆雄는 그 빈도가 약 3~7%에 이른다는 것을 지적하였으며 그 중에서도 특히 골절의 부위에 주목하였다. 물론 현대인도 골절되기는 하지만 죠몽시대의 사람들과는 그 부위가 크게 다르다.

　죠몽시대의 남성인골에서는 골간부의 골절이 자주 확인된다. 또한 골절된 부위가 크게 비틀어진 상태로「변형치유골절變形治癒骨折」되어 있는 것을 흔히 볼 수 있다. 이는 수렵채집과 관련된 행동에서 인골에 큰 외력이 가해져 생긴 것으로 생각된다. 현대의 우리들에게는 일상에서 뼈의 골간부가 꺾이는 일은 거의 발생하지 않으며 설령 골절되었다 하더라도 완치될 때까지 쉬거나 골절부위를 움직이지 못하도록 고정해둔다. 그러나 죠몽시대 사람들은 그렇게 할 여유가 없었던 것이다.

　출토인골에서 죠몽시대 사람들의 마음의 일단을 느낄 수 있는 사례도 있다. 예를 들면 홋카이도北海道 아부타정虻田町의 이리에패총入江貝塚에서 출토된 죠몽시대 후기의「이리에入江 9호」성인인골에서는 흥미로운 소견이 관찰되었다(83도).

　스즈키 타카오에 따르면 이 인골은 두개골·척추·늑골 등의 체간골은 거의 정상적으로 발달해 있었지만, 상완부와 대퇴골 등의 사지골은 이상하게 약하고 가늘어져 있었다고 한다. 즉 골간의 크기가 유아幼兒의 장골 정도 밖에 발달해 있지 않았던 것이다. 또한 통상적으로 있어야 할 근부착면

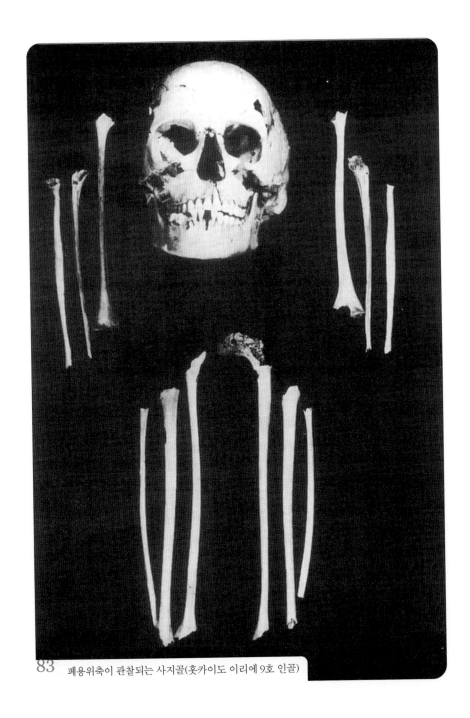

83 폐용위축이 관찰되는 사지골(홋카이도 이리에 9호 인골)

도 거의 관찰할 수 없었다. 이러한 현상으로 보아 이리에^{ㅅㅍ} 9호의 피장자는 장기간에 걸친 근육 위축에 의해 발생한 것으로 생각되는 사지골의 심한 위축이 있었던 것으로 추정된다.

사지골의 형태에 이상을 일으키는 질환에는 몇 종류가 있는데, 이리에^{ㅅㅍ} 9호 인골을 정밀하게 분석한 결과, 스즈키 타카오는 폴리오바이러스(poliovirus)^{역주10)}에 의해 발생하는 소아마비를 앓았을 가능성이 크다는 의견을 제시하였다. 어떻든 이 인물은 질병에 걸린 후 인생의 대부분을 누워서 지낼 수밖에 없었을 것으로 생각된다. 결국 이리에^{ㅅㅍ} 9호 피장자는 일상생활을 하는 데에도 장해가 있어 누워서 지낼 수밖에 없는 상황이었음에도 불구하고 주위의 극진한 간호로 인해 계속 생존할 수 있었던 것이다. 골절되더라도 그것이 치유될 때까지 쉬지 못하고 계속적으로 생산활동에 종사해야만 했던 죠몽시대 사람들이 누워만 지낼 수밖에 없었던 사람을 도태시키지 않고 극진히 보살폈다는 사실은 죠몽시대에 대한 우리들의 일반적인 이미지를 다시 생각하게 한다.

고인골로 본 질병과 매장의 차이

피장자가 매장되어 있는 시설에는 다양한 종류가 있다. 예를 들어 근세가 되면 옹관 외에도 원형목관, 방형목관^{方形木棺}, 원형목관과 방형목관

역주10) 폴리오바이러스는 척추성 소아마비(급성 회백수염)의 병원체가 되는 바이러스로 감염된 바이러스는 신경세포에서 증식하여 신경세포를 파괴한다. 주로 척수전각회백질(脊髓前角灰白質)의 운동신경을 침해하여 수족의 마비를 일으키거나 뇌간(腦幹)의 신경세포를 침해하여 호흡마비를 일으킨다.

을 조합한 것이 사용되기도 하였다. 또한 매장자세도 신전장·굴장·앙와장仰臥葬 등으로 다양하다.

　일반적으로 이렇게 다양한 매장시설과 매장형태의 차이가 무엇을 의미하는가에 대해 명쾌하게 해석하는 것은 그리 쉬운 일이 아니다. 그러나 그 중에는 피장자인 인골을 조사함으로써 이러한 물음에 대해 어느 정도의 해답을 제시할 수도 있다. 예를 들어 근세의 매장유구를 살펴보면 특수한 매장법을 채택하고 있는 피장자에게서 특정한 골병변이 나타나는 경우가 있는데, 그 중 대표적인 것으로「과피장鍋被葬」을 들 수 있다. 이것은 피장자의 머리에 철제 노구솥鍋을 씌워 매장하는 장법葬法으로 사쿠라이 준야櫻井準也의 연구에 따르면 전국에 89례가 확인되었다고 한다. 흥미롭게도 이러한 과피장은 지금까지 에도시 안에서 발견된 적은 없다. 나미히라 에미코波平惠美子에 의하면 과피장은 민속례에서 볼 때 이하와 같은 경우에 실시된 것이라고 한다.

　1. 타살이나 자살에 의한 죽음
　2. 익사 등의 사고사나 전사
　3. 한센병과 결핵 등 특정한 질병에 의한 죽음
　4. 임산부의 죽음
　5. 유산이나 사산한 태아·어린아이의 죽음
　6. 여행 중의 죽음
　7. 명절 등 특정시기의 죽음

　여기에서 중요한 것은 한센병과 골매독, 결핵 등의 중한 감염증을 가진 개체에도 노구솥을 씌워 매장하였다는 사실이다.
　필자들이 파악하고 있는 한 골매독의 소견을 가진 인골은 종종 에도시 내에서도 출토되고 있지만 적어도 한센병은 에도시 내의 유적에서는 출토 사례가 전혀 없거나 있다고 하더라도 매우 적다. 한센병에 대해서는 문헌기록이 남아 있는데도 무슨 이유 때문인지 출토인골에서 골병변으로 관찰되는 경우는 극히 드물다.

여기에는 몇 가지의 이유가 있을 것으로 생각되는데 그 중 하나로 한 센병에 걸린 사람은 아예 매장하지 않았거나 또는 과피장과 같이 에도시 내에 매장하지 않고 당시의 교외에 매장되었을 가능성이 있다. 그러나 나미히라 에미코와 세키네 타츠히토^{關根達人}의 지적처럼 이러한 현상이 다른 요인에 기초하였을 가능성도 있기 때문에 앞으로 고인골에서 이러한 병변의 사례 증가를 기다려 관련문헌의 연구결과와 함께 검토를 더욱 진전시킬 필요가 있을 것으로 생각된다. 그러나 앞에서 말한 것과 같이 특정한 병변을 가진 피장자를 특정한 방법으로 매장하는 행위는 에도시대보다 더 과거의 시대, 예를 들면 죠몽시대와 야요이시대에도 행해졌을 가능성이 있다.

앞에서 지적했던 것처럼 관찰자 간의 오차 등의 문제도 있으므로 보고서의 기재만을 신뢰해서는 이러한 골병변과 매장행위에 대한 일관된 연구를 시도하기 어렵다. 예를 들면 골병변 감정능력을 가진 고고학자가 해당 고인골을 모두 직접 관찰하고 그들의 매장형태를 함께 분석하는 형태가 가장 이상적일 것으로 생각된다.

고인골로 본 죠몽인 · 야요이인

일본열도에서 발견된 고인골 중 가장 오래된 것은 오키나와현^{沖繩縣} 야마시타정^{山下町}에서 발견된 야마시타동굴인^{山下洞人}으로 약 32,000년 전의 것이다. 이 인골은 구석기시대^{舊石器時代}의 것으로 생각되는데 유존상태가 양호하지 않아 전체적인 양상은 잘 알려져 있지 않다. 이에 대해 오키나와현^{沖繩縣} 구시카미촌^{具志頭村}에서 발견된 미나토가와인^{港川人}은 거의 완전한 상태로 전신골격이 유존해 있었다. 미나토가와인은 약 17,000년 전의 것으로 두개골의 두께가 현대 일본인의 약 2배나 된다. 이 인골을 최초로 조사한 스즈키 히사시鈴木尙는 미나토가와인의 특징으로 「머리가 크고 엉덩이는 작다」라는 견해를 제시하였다.

사지골의 형태적 특징에 대해서는 바바 히사오馬場悠男가 조사하였다. 그에 의하면 미나토가와인은 전완과 수골이 큰 반면, 상완골과 쇄골의 길이가 짧고 경골과 비골에 있는 근부착면이 잘 발달되어 있는 특징이 있다고 한다. 즉 미나토가와인은 하지골이 상지골에 비해 현저하게 발달해 있었던 것이다. 참고로 미나토가와인의 신장은 155cm 전후로 보고되고 있다.

이어지는 죠몽시대의 인골은 전국의 패총에서 많이 출토되고 있다. 이 시기의 인골은 오가타 타모츠小片保에 의해 사지골 등의 형태적 특징에서 전기 이전과 이후의 것으로 구분되고 있다. 그에 따르면 죠몽시대 전기 이전의 인골은 가냘픈 데 비해 전기 이후의 인골은 튼튼하다고 한다. 죠몽시대 인골에는 지역차가 있어 한마디로 설명하기 어렵지만, 일반적으로 안면형태는 코가 높고 전체적으로 각이 지며 윤곽이 뚜렷하다.

죠몽시대에 이어지는 야요이시대의 인골은 북부 큐슈九州를 중심으로 옹관묘에서 많이 출토되고 있다. 이 시기의 인골에서도 역시 지역차가 확인되는데 그 중에서도 큐슈九州의 야마구치현山口縣에서 출토된 인골은 크게 세 유형으로 분류된다.

첫 번째 유형은 안면의 고경高徑이 높고(고안高顔) 키가 큰(고신장高身長) 사람으로 야마구치현山口縣 호우호쿠정豊北町의 도이가하마유적土井ヶ浜遺蹟 등에서 출토된 인골 등이 이에 해당한다.

두 번째 유형은 비근부鼻根部에서 죠몽적인 특징(저안低顔 · 광안廣顔)이 확인되고 키가 작다는 점(저신장低身長)을 들 수 있다. 사가현佐賀縣 아비코정呼子町의 오오토모유적大友遺蹟 등에서 출토된 인골이 이에 해당한다.

세 번째 유형은 뚜렷한 저안 · 광안의 안면형태를 한 사람이다. 이는

다양한 형질을 이어받은 사람들
(메이지대학교 대학원 고바야시 사부로(小林三郎)의 연구실에서)

세 유형 중에서도 키가 가장 작은 집단이다. 가고시마현鹿兒島縣 미나미타
네정南種子町 히로타유적廣田遺蹟 등에서 출토된 인골이 이에 해당한다.

죠몽시대, 야요이시대 사람들의 안면 등의 형태적 특징에 대해 많은
인류학자들이 꾸준히 연구 성과를 발표해 오고 있다. 그러나 안면 등의 형
태적 특징의 변화가 집단의 교체에 의한 것인지 아니면 그 외의 요인에 의
한 것인지에 대한 문제는 아직 불명료한 점이 많으며 현재에도 계속 연구
가 진행되고 있다. 왜냐하면 인골에 보이는 형질적 특징은 생활양식의 변
화에 의해 발생하는 경우도 있기 때문이다. 예를 들면 메이지明治에서 쇼
와昭和에 걸친 100여 년 동안에 우리들의 신장은 약 10cm나 커졌는데, 이
는 영양상태의 변화에 기인하는 바가 크다고 한다. 또한 에도막부江戸幕府
의 역대 장군將軍의 안면형태는 매우 길어서 직인職人이나 상인商人 등 당시
의 소위 일반서민의 얼굴 형태와는 크게 달랐다는 사실도 잘 알려져 있다.
아마도 죠몽시대 사람들과 야요이시대 사람들의 관계는 어느 한쪽이 다른
한쪽을 도태시키고 완전하게 교체되었던 것은 아닐 것이다. 혼혈混血도 분

명 있었을 것이고 또한 앞에서 말한 것처럼 환경의 변화가 그들의 원래 형질에도 변화를 촉진시켰을 것으로 생각된다.

이것은 현대를 살아가고 있는 우리들 중에도 죠몽적 형질을 짙게 가진 사람과 야요이적 형질을 짙게 가진 사람, 그리고 이 두 요소를 모두 가진 사람 등 다양한 안면형태를 가진 사람들이 혼재하고 있다는 점에서도 미루어 짐작할 수 있다(84도).

고고과학과 고고학

이상 제5장에서는 「고인골로부터 알 수 있는 것」이라는 제목으로 고인골로부터 얻을 수 있는 정보를 활용함으로써 어떠한 역사상을 복원할 수 있는가를 설명하였다. 여기에서 설명한 것 외에도 질소동위체를 이용한 식생활 추정 등 고인골을 이용한 연구에는 다양한 분야가 있다. 그러나 이 책에서는 고고학과 관계 깊은 형질인류학적인 연구와 고병리학적인 방법을 이용한 연구를 중심으로 서술하였다. 모두 아주 간략하게 다루었는데 더 관심이 있으신 분들은 이 책의 뒤에 있는 참고문헌을 참조해 주기 바란다.

자연과학적自然科學的 방법을 이용하여 과거의 유물과 유구 등을 분석하는 연구 영역을 「고고과학考古科學」이라고 부르기도 한다.

일반적으로 고고학의 기초라고 하면 역시 형식학型式學과 층위학層位學일 것이다. 예를 들면 형식학은 어떠한 타입의 유물이 어떻게 변화하고, 또 그 유물들이 어느 지역에서 어떻게 분포하고 있었는지를 조사하는 것으로 이를 통하여 인간의 행동패턴을 추출한다. 그러나 이러한 연구 방법에 한계가 존재한다는 사실 또한 분명하다. 그렇지만 거기에 인류학적 연구법을 함께 이용함으로써, 예를 들어 분묘 피장자의 성별을 파악하는 것만으로도 보다 폭넓은 고찰을 할 수 있게 된다. 또한 인골에 나타난 질병을 찾아내는 고병리학적인 방법을 사용한다면 고고학만으로는 절대 알 수 없는 당시의 위생상태나 건강상태를 알 수도 있다. 따라서 이러한 인골과 관련된 정보는 고고학적 심화 연구에도 크게 이바지한다고 할 수 있을 것이다.

고고과학에 의해 밝혀진 사실은 반드시 고고학적 방법으로 검증되며 이후 다시 고고과학으로 피드백(feedback)된다. 이러한 고고학과 고고과학의 제휴는 앞으로 두 분야의 연구에 있어서 아주 중요한 의미를 가져다 줄 것이다.

맺음말

이 책은 고고학을 전공하는 연구자들에게 인골에 관한 기초적인 지식을 알려주고자 하는 의도에서 필자 중 한 사람인 타니하타 미호(谷畑美帆)의 발안(發案)이 시초가 되어 집필하였다.

타니하타(谷畑)의 전공은 고고학과 인류학이다. 이 책은 고고학을 전공하는 연구자와 대화를 나눌 때마다 많은 분묘를 발굴조사하고 있음에도 불구하고 그들 중 인골에 그다지 주의를 기울이지 않는 연구자가 있다든가 또는 대부분의 고고학자들이 인골 조사를 전적으로 인류학자에게 맡겨버린다든가 하는 것이 염려되어 집필한 것은 아니다. 이 책을 집필한 가장 큰 이유는 본문에서도 서술한 바와 같이 고인골이야말로 피장자에 관한 직접적인 데이터의 보고(寶庫)이기 때문이다.

물론 실제로 유적을 발굴조사하는 고고학자에게 인류학자와 동일한 수준의 조사를 요구하는 것은 무리이다. 또한 인류학자 측에서는 「고고학자에 의해 인골이 어중간하게 잘못 취급되어 자료적 가치가 떨어질 우려가 있다」라고 걱정할지도 모른다.

그러나 이러한 문제점들을 감안하더라도 고고학 전공자들에게 인골과 관련된 기초지식을 현재보다 더 많이 숙지하게 하는 것은 결코 부정적인 측면만 있는 것은 아니다. 예를 들어 인골의 취급에 대한 문제만 보더라도 인류학적인 지식이 조금이나마 있는 것과 전혀 없는 것에 따라 그 결과가 크게 좌우되는 사례가 적지 않기 때문이다.

집필에 있어서는 우선 타니하타(谷畑)가 이 책 전반에 대한 내용을 썼으며 이를 스즈키 타카오(鈴木隆雄)가 통독하여 수정·가필하였다.

내용에 대해서는 이제 고고학 공부를 막 시작하여 발굴현장에 온 학부 대학생도 알 수 있도록 가능한 평이하게 쓰려고 노력하였다. 그럼에도 불구하고 본문 일부에서는 생소한 전문용어를 남발하고 말았는데 이에 대해서는 필자들도 어떻게 할 수 없는 부분이 있었던 것도 사실이다. 이 점에 대해서는 독자여러분의 양해를 구한다.

유적을 발굴조사하면 다종·다양한 유물이 출토된다. 고고학자들은 이러한 유물을 조사하고 분석함으로써 현재의 다양한 연구성과를 거두어왔다. 그러나 한편으로 고고학자들은 주인공(主役)인 「인간」―예를 들면 분묘의 피장자―그 자체에 대한 흥미를 가지는 일에는 조금 소극적이었던 것으로 생각된다. 또한 인골이 출토되는 시점에서 「지금부터는 인류학자가 해야 할 일」이라고 생각하는 발굴조사자도 적지 않은 것 같다. 하지만 과거에 살았던 사람들이 어떠한 생활을 하였는지 연구하는 것이 고고학 본래의 목적은 아닐까? 매장유구의 주인공은 피장자이다. 따라서 고고학자들은 피장자를 직접 취급하는 인골 연구에 대해 조금 더 주목할 필요가 있다.

필자들이 고고학자에게 「고인골과 그로부터 추정되는 당시 사회에 대해 연구하고 있습니다」라고 하면, 가끔 「그러면 전공분야는 고고학과는 관계가 없군요」라고 말하는 사람도 있다. 조금 충격적인 발언이었다. 또한 분묘 등 매장유구를 일상적으로 발굴하고 있음에도 불구하고 「인골은 좀…」이라고 하면서 주저하는 발굴조사자도 적지 않다.

사람에게는 선호에 따른 우열이 있기 때문에 무리하게 강요할 수는 없지만, 필자들의 입장에서 말하면 고인골을 꺼리는 사람들은 눈앞에 정보가 가득 넘치는 보물 상자가 있음에도 불구하고 열어보기가 두려워 눈을 꼭 감고 못 본체 지나쳐 버리는 행위와 같다. 솔직히 말하면 좀 안타까운 생각이 들기도 한다.

고고학자라면 누구나 한번쯤은 매장유구를 발굴조사하게 될 것이다. 또한 인골 관련 연구자와 공동연구를 할 기회도 있을 것이다. 그 때가 올 것을 예상하여 고고학자들에게 「고인골」에 대해 조금의 흥미라도 가지게 하고 싶은 것이 필자들의 소망이다.

필자들이 알고 있는 한 고고학 강좌가 있는 대학교에서 조차도 출토인골의 기본적인 감정이나 관찰요령에 대해 가르치고 있는 학교는 거의 없다. 그러나 이 책에서도 설명한 것처럼 성별과 연령에 따라 매장 원리가 달랐다는 사실이나 특정 질환에 따른 특수한 매장법이 있었다는 사실이 고고학자 자신들에 의해 밝혀지게 된다면 고고학이 다룰 수 있는 세계는 지금보다 훨씬 넓어지게 될 것이다.

이 책에서는 인골의 계측에 대해 전혀 언급하지 않았다. 그것은 전문적인 계측기구가 필요하다는 점과 함께 초보자가 이해하기 어려울 것으로 생각되었기 때문이다. 또한 출토인골이 결손되어 있는 경우, 토기의 수지 복원과 같이 파라핀 등을 사용하여 인골의 결손부분에 대해 복원작업을 하는 경우가 있는데 이에 대해서도 이 책에서는 상세하게 설명하지 않았다. 다른 기회가 마련된다면 이에 대해서도 다루고자 한다.

고인골 연구를 한마디로 말해 고인골을 취급하는 연구라고 하더라도 여기에는 형질인류학과 DNA 진화학(進化學) 등 다양한 분야가 있다. 이 책은 형질인류학의 기초를 서술한 것에 지나지 않는다. 보다 폭넓은 지식을 필요로 하는 연구자는 이 책 뒷부분의 참고문헌들을 기초로 하여 스스로 공부해 주기 바란다.

이 책이 계기가 되어 장래 인골에 흥미를 가지는 고고학자가 한 분이라도 더 늘어나기를 바라면서 이만 줄이고자 한다.

이 책의 일부는 2003년 봄부터 여름에 걸쳐 타니하타 미호(谷畑美帆)가 메이지대학교 문학부 사학지리학과(明治大學校 文學部 史學地理學科)의 고고학 전공자들에게 세미나 형식으로 질의 응답한 내용을 기초로 하고 있다. 이에 몇 번이나 협조해준 학생들에게 감사의 말씀을 드린다.

집필에 있어서 다양한 의견과 교시를 주신 여러분들에게 감사의 말씀을 드린다.

토쿠시마현(德島縣) 매장문화재(埋葬文化財)센터 · 미나토구(港區) 교육위원회(敎育委員會) · 런던(London) 박물관 등 제(諸)기관으로부터 사진사용 허가를 받았다. 또한 마츠시타 타카유키(松下孝幸) 선생님께서는 1999년 도이가하마유적(土井ケ浜遺蹟) 인류학박물관(人類學博物館)에서 개최된 인류학강좌(人類學講座)에서 인골의 정리 작업 포인트 등에 대해서 교시해 주셨다. 감사드린다.

2004. 1.

타니하타 미호 _ 谷畑美帆 / 스즈키 타카오 _ 鈴木隆雄

옮긴이 후기

이 책은 『考古學のための古人骨調査マニュアル』(谷畑美帆 · 鈴木隆雄, 2004, 學生社)을 완역한 것이다. 본문에서 필자들이 거듭 말하고 있듯이 고고학자들은 유적 발굴조사 특히 분묘 등의 매장유구를 조사할 때면 종종 무덤 내에서 출토되는 인골을 다루어야 할 때가 있다. 물론 한국의 기본 토양이 산성계인 탓에 양호한 상태의 고인골이 출토되는 사례가 드물고, 이로 인해 고인골 관련 연구 분야 또한 고고학자들에게 크게 주목받지 못하고 있는 것도 사실이다. 그렇다하더라도 유적 출토의 고인골이 제공하는 정보는 유구와 유물의 그것과는 다른 중요한 고고학적 의미를 지닌다.

한국에서 고인골이 양호한 상태로 다량 출토된 대표적인 유적으로는 김해 예안리고분군(禮安里古墳群)을 들 수 있다. 정징원 교수님(前 부산대학교 고고학과)의 전언에 따르면, 1970년대 후반 예안리고분군 발굴 당시 출토인골의 처리문제로 발굴조사단 내 조사자들 사이에도 의견이 분분하였다고 한다. 그러나 결국 이를 고고자료로 간주하여 부산대학교 박물관으로 가져와 정리하였고, 이후 김진정 · 오가타 타카히코(小片丘彦) 교수님에 의해 예안리 출토인골에 대한 인류학적 분석이 실시되었다고 한다. 이러한 고인골과 고고자료에 대한 분석을 바탕으로 양질의 발굴조사 보고서가 발간되었고, 이를 통해 4~6세기 김해 예안리 사람들의 형질이나 인위적 두개골 변형(編頭) 등 많은 사실들이 밝혀지게 되었다. 또한 보고서를 기초로 하여 인골의 성별·연령 등과 고고자료를 함께 이용한 연구 결과가 계속해서 제시되고 있는 상황이다.

예를 들면,

金斗喆, 2000, 「金海 禮安里遺蹟의 再檢討 -性·年齡을 통한 社會構造 復原 試案-」, 『韓 國古代史와 考古學』, 鶴山金廷鶴博士頌壽紀念論叢, 學硏文化社.

金承玉, 2001, 「金海 禮安里古墳群 築造集團의 社會構造와 性格」, 『嶺南考古學』 29, 嶺南考古學會.

또한, 최근에는 유적에서 출토된 고인골의 DNA분석에 대한 결과나 이 책의 본문에서도 소개된 치관계측치를 이용한 친족관계 연구 성과도 제시되고 있다.

예를 들면,

이준정 외, 2008, 「경산 임당 유적 고총군 피장자 집단의 성격 연구 -출토 인골의 미토콘드리아 DNA 분석을 중심으로-」, 『한국고고학보』 68, 한국고고학회.

이하얀, 2009, 『늑도유적 古人骨의 고고학적 연구』, 부산대학교 대학원 고고학과 석사학위논문.

더 이상의 예를 들지 않더라도 고인골을 이용한 고고학 연구는 지금까지 유구와 유물에만 의존할 수밖에 없었던 한계를 극복할 수 있는 중요한 분야임에 틀림없다.

최근의 주요 연구 성과들로 인해 고인골 연구의 필요성에 대한 인식은 많이 개선되고 있기는 하지만 연구 인원은 절대적으로 부족한 상황이다. 또한 발굴현장에서 직접 조사를 담당하는 고고학자들의 고인골 조사에 대한 능력과 정보의 부재 역시 중요한 기초자료를 다룬다는 점에서 문제의 여지가 있다.

이 책의 번역은 이러한 문제를 인식하고 해결하는데 조금이나마 보탬이 되고자 하는 바람에서 시작하였다. 역자 역시 고고학적 관점에서 매장유구 출토의 고인골에 대해 공부하고 있다. 하지만 현재 한국에 출간되어 있는 고인골 관련 서적들은 지나치게 형질인류학적 중심의 서술에만 편중되어 있어 실제 유적의 발굴조사를 담당하고 있는 고고학자들이 현장에서 참고하기 어렵다는 단점이 있다.

이 책은 필자들이 의도한 대로 고고학을 전공하는 학부생이나 인골 관련의 교육을 전혀 받은 적이 없는 사람들도 쉽게 알 수 있도록 평이하게 쓰여졌다. 따라서 발굴현장에서 늘 곁에 두고 인골이 출토될 때마다 하나하나 살펴보면서 조사한다면 최선의 성과를 올릴 수 있을 것으로 생각된다. 물론 고인골에 대해 보다 심도 깊게 전공하고자 하는 연구자들은 이 책보다 좀 더 상세한 내용의 전문서적들을 탐독할 필요가 있다.

이 책을 번역하는 데 있어 역자를 가장 고민하게 했던 문제 중 하나는 바로 용어 선택이었다. 고고학 용어 역시 한글, 한자어, 영어 심지어 외국 학계에서 사용되는 용어의 무분별한 차용으로 인해 혼란한 상황이지만, 인골 관련의 용어 역시 동일한 문제에 직면해 있다. 이 책의 번역에 있어 역자는 현재 학계에서 일반화되어 있는 한자용어를 주로 사용하였다. 물론 외국 서적의 번역은 한글용어를 주로 사용하여 독자의 이해를 돕는 것이 옳을 것이나, 아직 해부학(解剖學)에서도 제대로 자리 잡고 있지 못한데다 동일한 부위를 지칭하는데 있어서 조차 여러 한글용어가 혼용되고 있는 상황이다. 때문에 자칫 한글용어만을 고집하다보면, 오히려 의미전달에 혼란을 줄 우려가 있었다. 또한 현재 발굴조사 보고서에 게재되는 '인골분석에 대한 결과 보고' 역시 한자용어를 주로 사용하면서 한글이나

영문용어를 부기하기 때문에, 이 책의 제목처럼『고고학을 위한 고인골조사연구법』이라는 의미에서 고고학자들을 비롯한 여러 독자들이 쉽게 읽고 이해할 수 있도록 한 의도도 아울러 있었다. 한편, 이 책의 끝 부분에는 인골 관련 용어를 한글용어, 한자용어, 영문용어로 비교 제시하였다. 인골의 전부위에 대한 용어를 모두 다루어야 하겠지만 이는 역자의 능력을 넘어서는 것이므로, 이 책에 제시된 도면의 내용을 위주로 하여 「인골용어비교표」를 작성하였다. 이 책의 용어 사용에 있어 독자에게 혼란을 주었다면 모두 역자의 책임이며, 누구나가 인정하고 쉽게 사용할 수 있는 용어가 하루 빨리 정립되기를 기대해본다.

이 책이 번역 출판되기까지 많은 분들의 도움이 있었다.

먼저 이 책의 한국어판 출간을 허락해 주신 타니하타 미호(谷畑美帆)·스즈키 타카오(鈴木隆雄) 선생님과 일본에서 발간되자마자 역자에게 직접 소개해주고 교정을 보아준 동학 히라고리 타츠야(平郡達哉) 선생님 그리고 바쁜 일본 유학생활 중에도 원서를 직접 구해 보내주신 천선행 선생님께 감사드린다. 또한 학술서적의 번역 출판에 대한 국내외의 어려운 사정에도 불구하고 흔쾌히 출판을 허락해 주시고 추진해 주신 서경문화사의 김선경 사장님과 번역을 완료하고 난 후 오랜 기간 이 책이 출판되지 못하고 있음을 안타깝게 여겨 우리문화재연구원의 총서로 출판될 수 있도록 힘써주신 곽종철 원장님께도 감사의 말씀을 전한다.

끝으로 역자의 무리한 요구를 외면하지 않고 기꺼이 일본어 사전(辭典) 역할을 자청해 주었던 아내 최민영에게 감사의 말을 전한다.

2010. 10.
김 수 환

참고문헌

O1장

馬場悠男 編 1988『考古學と人類學』同成社.

五味文彦・齊木秀雄 編 2002『鎌倉と死の世界』高志書院.

R. Meyer & W. Trevethan (1982) Laboratory Methods in Physical Anthropology (unpublished Manual).

W. Molland (1992) Death, mouring, burial and cremation Bideford North Road Chaple.

日本ペトロジー學會 編, 1997,『土壤調査ハンドブック』博友社.

農林水産省 農林水産技術會議 事務局・財團法人 日本色彩研究所 色票監修 1970『新版 標準土色帖』.

養老孟司 監修, 1995,『圖說 人體博物館』筑摩書房.

T. Waldorn (1987) The realtive survial of the human skeleton : implications for paleopathology. In : Death, decay and reconstraction, ed. Boddington, Garland and Janaway. Manchester University Press.

D. Watkinson & V. Neal (1998) First Aids for Finds. The Lavenham Press.
(デビット・バトキンソン&バージニア・ニール 2002年「出土遺物の保存處理に關する マニュアル」柏書房).

02 · 03장

W. Bass (1998) Human Osteology. Fourth Edition. Missouri Archaeological Society, Inc.

D. Brothwell (1981) Digging up Bones. Cornell University Press.

K. Burns (1999) Forensic Anthropology Training Manual Printice - Hall, Inc. New Jersey.

藤田恒夫, 1975, 『入門人體解剖學』, 南江堂.

藤田恒太郎, 1995, 『齒の解剖學』第22版, 金原出版.

片山一道, 1990, 『古人骨は語る-骨考古學ことはじめ-』, 同朋社.

D. Katz and J. M. Suchey(1986) Age determination of the male os pubis. American
    Journal of Physical Anthropology 69 : 426-235.

大國勉, 1990, 『齒や骨からの個人識別』, (株)フリープレス.

鈴木隆雄・林恭史 編, 2003, 『骨の事典』, 朝倉書店.

山鳥崇・梅谷健彦, 1991, 『實習で學ぶ骨學』, 金原出版.

04장

アンドリュー・チェンバレン(堀江保範 譯), 1997, 『ヒトの考古學』, 學藝書林.

Kenndy, K. A. R (1989) Recosotruction of life from the skeleton. New York, Alan Liss.

濱本祐二, 1994, 『自己學習 4 看護學生のための病理學』, 金芳堂.

S. Mays (1998) The Archaeology of Human Bones. Routledge. London.

日本整形外科學會・骨系統疾患委員會 編, 1994, 『骨系統疾患マニュアル』, 南江堂.

D. Ortner (1981) Indentification of Paleopathological Conditions in Human Skeletal
    Remains Smithonian Institution Press. Washington DC.

C. Roberts and K. Manchester (1983) The Archaeology of disease.

堺章, 1994, 『目でみるからだのメカニズム』(2000年に新訂版), 醫學書院.

清水喜八郎 編, 1999, 『だれでもわかる感染症』, へるす出版.

Steinbock (1976) Paleopathological Diagnosis and Interpretation, Thomas, Springfield,
    Illiois.

鈴木隆雄・峰山巖・三橋公平, 1984, 「北海道入江貝塚出土人骨にみられた異常四肢骨の古病理學研究」, 『人類誌』92.

谷畑美帆, 2002, 「近世埋葬人骨を用いた骨考古學的研究」, 『人類史研究 13』.

R. C. Turner and R. G. Scaife (eds.) 1995 Bog Bodies-New Discoveries and New Perspectives. British Museum Press.

山口敏, 1990, 『日本人の祖先』德間書店.

立川昭二, 1976, 『病氣の社會史』, NHKブックス.

D. Ubelaker (1989) Human skeletal remains. Excavation, analysis and interpretation. Washington, Taraxacum Press.

05장

朝日新聞社 編, 1993, 『原日本人 弥生人と縄文人の謎』, 朝日ワンテーママガジン.

加藤晋平・小林達雄・藤本强 編, 1984, 『縄文文化の研究1 縄文人とその環境』, 雄山閣.

川西宏幸・辻村純代, 1991, 「古墳時代の巫女」, 『博古研究』第2號.

永井昌文・那須孝悌・金關恕・佐原眞 編, 1993, 『弥生文化の研究1 弥生人とその環境』雄山閣.

中橋孝博, 1990, 「永岡遺蹟出土の弥生時代人骨」, 『永岡遺蹟2』筑紫野市文化財財團調査報告書 26, 筑紫野市教育委員會.

中橋孝博, 2003, 「骨から見た弥生人の戰い」, 『新世紀の考古科學-科學が解き明かす古代の歴史』, クバプロ.

松下孝幸, 1994, 『日本人と弥生人-その謎の關係を形質人類學が明かす-』, 詳傳社.

波平惠美子, 1988, 「異常死者の葬法と習俗」, 『佛教民俗學大系4』, 名著出版.

森浩一, 1987, 「古墳にみる女性の社會的地位」, 『女性の力』, 日本の古代 12 中央公論社.

沖繩縣教育委員會, 1999, 『港川人と舊石器時代の沖繩』, 沖繩縣ビジュアル版.

H, Oota, N. Saitou, T. Matsushita and S. Ueda (1995) A genetic study of 2000year-old human remains of Japan (Yayoi period) using mitochondrial DNA sequences, American Journal of Physical Anthropology 98.

齊藤忠・大塚初重, 1960, 『三昧塚古墳』, 茨城縣教育委員會.

櫻井準也, 1996, 「近世の鍋被り人骨について-關東地方の發見事例を中心に-」, 『江戸遺蹟研究會 第9回大會發表要旨』, 江戸遺蹟研究會 編.

櫻井準也, 2002, 「鍋被り葬研究の意義」, 『日本考古學協會 第68回總會』研究發表要旨, 日本考古學協會.

鈴木尚, 1988, 『骨が語る日本史』, 學生社.

鈴木尚, 1996, 『改訂新版 骨』, 學生社.

鈴木隆雄, 1998, 『骨から見た日本人-古病理學が語る歴史』講談社選書メチエ142, 講談社.

佐賀縣教育委員會 編, 1990, 『環濠集落吉野ケ里遺蹟槪報』, 吉川弘文館.

清家章, 1996, 「副葬品と被葬者の性別」, 『雪野山古墳の研究』考察編.

關根達人, 2003, 「鍋被り葬考」, 『弘前大學人文社會論叢』9.

嵩山政秀・安里嗣淳, 1993, 『日本の古代遺蹟 47 沖縄』, 保育社.

田中良之, 1995, 『古墳時代親族構造の研究-人骨が語る古代社會』.

田中琢・佐原眞, 1995, 『新しい研究法は考古學に何をもたらしたか』クバプロ.

柳澤一男, 1989, 「九州地方」, 『季刊考古學』第28號 雄山閣.

인골용어 비교표

24도 인골의 다양한 방향·면의 표기

한자용어	한글용어	영문용어
정중시상면(正中矢狀面)	가운자름면	Median plane / Midsagittal plane
관상면(冠狀面) / 전두면(前頭面)	앞뒤면	Coronal plane / Frontal plane
횡단면(橫斷面) / 수평면(水平面)	위아래면	Transverse plane / Horizontal plane
두측(頭側) / 상방(上方)	머리쪽 / 위쪽	Cranial / Superior
미측(尾側) / 하방(下方)	꼬리쪽 / 아래쪽	Caudal / Inferior
근위(近位)	몸쪽	Proximal
원위(遠位)	먼쪽	Distal
전방(前方) / 복측(腹側)	앞쪽 / 배쪽	Anterior / Ventral
후방(後方) / 배측(背側)	뒤쪽 / 등쪽	Posterior / Dorsal
내측(內側)	안쪽	Medial
외측(外側)	가쪽	Lateral

32도 사람의 전신골격

한자용어	한글용어	영문용어
두개골(頭蓋骨)	머리뼈	Skull
하악골(下顎骨)	아래턱뼈	Mandible
쇄골(鎖骨)	빗장뼈	Clavicle

견갑골(肩甲骨)	어깨뼈 / 주걱뼈	Scapula
흉골(胸骨)	가슴뼈 / 복장뼈	Sternum
늑골(肋骨)	갈비뼈	Rib
척주(脊柱)	척추뼈 / 등뼈	Vertebra
관골(寬骨)	볼기뼈 / 엉덩뼈	Hipbone
선골(仙骨) / 천골(薦骨)	엉치뼈	Sacrum
미골(尾骨)	꼬리뼈	Coccyx
상완골(上腕骨)	위팔뼈	Humerus
요골(橈骨)	앞팔뼈 / 노뼈	Radius
척골(尺骨)	뒤팔뼈 / 자뼈	Ulna
수골(手骨)	손뼈	Bones of hand
대퇴골(大腿骨)	허벅지뼈 / 넙다리뼈	Femur
슬개골(膝蓋骨)	무릎뼈	Patella
경골(脛骨)	정강뼈	Tibia
비골(腓骨)	종아리뼈	Fibula
족골(足骨)	발뼈	Bones of foot

33도 두개골의 전면

한자용어	한글용어	영문용어
두정골(頭頂骨)	윗머리뼈 / 마루뼈	Parietal bone
측두골(側頭骨)	옆머리뼈 / 관자뼈	Temporal bone
접형골(蝶形骨)	나비뼈	Sphenoid bone
비골(鼻骨)	코뼈	Nasal bone
누골(漏骨)	눈물뼈	Lacrimal bone
사골(篩骨)	벌집뼈	Ethmoid bone
상악골(上顎骨)	위턱뼈	Maxilla
하악골(下顎骨)	아래턱뼈	Mandible

34도 두개골 상면(뇌두개)

한자용어	한글용어	영문용어
전두골(前頭骨)	앞머리뼈 / 이마뼈	Frontal bone
두정골(頭頂骨)	윗머리뼈 / 마루뼈	Parietal bone
후두골(後頭骨)	뒷머리뼈	Occipital bone
관상봉합(冠狀縫合)	앞머리이음새	Frontal suture
시상봉합(矢狀縫合)	윗머리이음새	Sagittal suture
림다봉합(림다縫合)	뒷머리이음새	Lambdoid suture

35도 전두골

한자용어	한글용어	영문용어
전두골(前頭骨)	앞머리뼈 / 이마뼈	Frontal bone

측두선(側頭線)	옆머리활선	Temporal line
미궁(眉弓)	눈썹활 / 눈두덩	Superciliary arch
안와(眼窩)	눈굼 / 눈확	Orbit
안와상절흔(眼窩上切痕)	눈굼위패임	Supraorbital notch
협골돌기(頰骨突起)	광대돌기	Zygomatic process

36도 두정골

한자용어	한글용어	영문용어
두정골(頭頂骨)	윗머리뼈 / 마루뼈	Parietal bone
두정공(頭頂孔)	마루뼈구멍	Parietal foramen
측두선(側頭線)	옆머리활선	Temporal line
동맥구(動脈溝)	동맥고랑	Groove for artery

37도 측두골

한자용어	한글용어	영문용어
측두골(側頭骨)	옆머리뼈	Temporal bone
외이공(外耳孔)	바깥귓구멍	External acoustic foramen
유양돌기(乳樣突起)	꼭지돌기 / 젖꼭지뼈	Mastoid process
경상돌기(莖狀突起)	붓돌기 / 송곳뼈	Styloid process
하악와(下顎窩)	턱관절오목	Mandibular fossa
협골돌기(頰骨突起)	광대돌기	Zygomatic process

38도 후두골

한자용어	한글용어	영문용어
후두골(後頭骨)	뒷머리뼈	Occipital bone
외후두융기(外後頭隆起)	바깥뒷머리뼈융기	External occipital protuberance
상항선(上項線)	위목덜미선	Superior nuchal line
하항선(下項線)	아래목덜미선	Inferior nuchal line
대후두공(大後頭孔) / 대공(大孔)	으뜸구멍	Foramen magnum
후두과(後頭顆)	뒷머리뼈관절융기	Occipital condyle
저부(底部)	바닥부분	Basilar part

39도 이소골

한자용어	한글용어	영문용어
이소골(耳小骨)	귓속뼈	Auditory ossicles
추골(槌骨)	망치뼈	Malleus
침골(砧骨)	모루뼈	Incus
등골(鐙骨)	등자뼈	Stapes

40도 상악골

한자용어	한글용어	영문용어
상악골(上顎骨)	위턱뼈	Maxilla
전두돌기(前頭突起)	이마돌기 / 윗솟기	Frontal process
치조돌기(齒槽突起)	이틀돌기 / 앞불룩이	Alveolar process
안와면(眼窩面)	눈확면	Orbital surface
비강(鼻腔)	코공간	Nasal cavity

41도 하악골

한자용어	한글용어	영문용어
하악골(下顎骨)	아래턱뼈	Mandible
근돌기(筋突起)	근육돌기 / 부리솟기	Coronoid process
관절돌기(關節突起)	관절돌기 / 관절꼭지	Condylar process
하악융기(下顎隆起)	턱끝융기	Mental protuberance
하악공(下顎孔) / 이공(頤孔)	턱끝구멍 / 아래턱굼	Mental foramen

42도 설골

한자	한글용어	영문용어
설골(舌骨)	목뿔뼈	Hyoid bone
대각(大角)	큰뿔	Greater horn
소각(小角)	작은뿔	Lesser horn

43도 척주

한자용어	한글용어	영문용어
척주(脊柱)	척추뼈 / 등뼈	Vertebral column
경추(頸椎)	목뼈 / 목등뼈	Cervical vertebra
흉추(胸椎)	등뼈 / 가슴등뼈	Thoracic vertebra
요추(腰椎)	허리뼈 / 허리등뼈	Lumbar vertebra
선골(仙骨) / 천골(薦骨)	엉치뼈	Sacrum
미골(尾骨)	꼬리뼈	Coccyx

44도 경추

한자용어	한글용어	영문용어
경추(頸椎)	목뼈 / 목등뼈	Cervical vertebra
환추(環椎) / 제1경추(第1頸椎)	고리뼈 / 받침목등뼈	Atlas / First cervical vertebra
축추(軸椎) / 제2경추(第2頸椎)	중쇠뼈 / 돌림목등뼈	Axis / Second cervical vertebra
추공(椎孔)	등뼈구멍	Vertebral foramen
추체(椎體)	등뼈몸통	Vertebral body
횡돌공(橫突孔)	가로돌기구멍 / 날개구멍	Transverse foramen
극돌기(棘突起)	가시돌기	Spinous process

한자용어	한글용어	영문용어
치돌기(齒突起)	치아돌기	Odontoid process
횡돌기(橫突起)	가로돌기	Transverse process

45도 흉추

한자용어	한글용어	영문용어
흉추(胸椎)	등뼈 / 가슴등뼈	Thoracic vertebra
횡돌늑골와(橫突肋骨窩)	가로갈비오목	Costal facet of transverse process
상(하)늑골와(上(下)肋骨窩)	위(아래)갈비오목	Superior(Inferior)Costal facet

46도 요추

한자용어	한글용어	영문용어
요추(腰椎)	허리뼈 / 허리등뼈	Lumbar vertebra
늑골돌기(肋骨突起)	가로돌기	Transverse process
부돌기(副突起)	위관절돌기 / 덧돌기	Accessory process
유두돌기(乳頭突起)	아래관절돌기 / 꼭지돌기	Mammillary process

47도 선골과 미골

한자용어	한글용어	영문용어
선골(仙骨) / 천골(薦骨)	엉치뼈	Sacrum
선골관(仙骨管)	엉치뼈관	Sacral canal
선골저(仙骨底)	엉치뼈바닥 / 엉치뼈곳	Base of sacrum
이상면(耳狀面)	귀모양면	Auricular surface
횡선(橫線)	가로선	Transverse line
전선골공(前仙骨孔)	엉치뼈앞구멍	Anterior sacral foramen / Dorsal sacral foramen
후선골공(後仙骨孔)	엉치뼈뒷구멍	Posterior sacral foramen / Pelvic sacral foramen
미골(尾骨)	꼬리뼈	Coccyx

48도 흉골

한자용어	한글용어	영문용어
흉골(胸骨)	가슴뼈 / 복장뼈	Sternum
흉골병(胸骨柄)	가슴뼈자루	Manubrium of sternum
흉골체(胸骨體)	가슴뼈몸통	Body of sternum
검상돌기(劍狀突起)	칼돌기	Xiphoid process
쇄골절흔(鎖骨切痕)	빗장패임	Clavicular notch
늑골절흔(肋骨切痕)	갈비패임	Articular notch

49도 늑골

한자용어	한글용어	영문용어
늑골(肋骨)	갈비뼈	Rib
늑골두(肋骨頭)	갈비뼈머리	Head of rib

한자용어	한글용어	영문용어
늑골경(肋骨頸)	갈비뼈목	Neck of rib
늑골구(肋骨溝)	갈비뼈고랑	Costal groove
늑골결절(肋骨結節)	갈비뼈결절 / 갈비뼈불룩이	Costal tubercle
늑골결절관절면(肋骨結節關節面)	갈비뼈결절관절면 / 갈비뼈불룩이관절면	Articular surface of costal tubercle
늑연골(肋軟骨)	갈비물렁뼈	Costal cartilage

50도 견갑골

한자용어	한글용어	영문용어
견갑골(肩甲骨)	어깨뼈 / 주걱뼈	Scapula
견갑절흔(肩甲切痕)	주걱뼈패임	Scapular notch
오구돌기(烏口突起)	부리돌기 / 부리숫기	Coracoid process
관절와(關節窩)	관절오목 / 주걱뼈굼	Glenoid cavity
외측연(外側緣)	가쪽모서리	Lateral border

51도 쇄골

한자용어	한글용어	영문용어
쇄골(鎖骨)	빗장뼈	Clavicle
흉골관절면(胸骨關節面)	가슴뼈관절면 / 가슴뼈맞자리	Sternal articular facet
삼각근조면(三角筋粗面)	세모근거친면	Deltoid tuberosity
원추인대결절(圓錐靭帶結節)	원뿔인대결절 / 힘살불룩이	Conoid tubercle
견봉관절면(肩峰關節面)	어깨봉우리관절면	Acromial articular facet
능형인대선(菱形靭帶線)	마름인대선	Trapezoid line
늑쇄인대압흔(肋鎖靭帶壓痕)	갈비빗장인대자국 / 갈비불룩	Impression of costoclavicular ligament

52도 상완골

한자용어	한글용어	영문용어
상완골(上腕骨)	위팔뼈	Humerus
상완골두(上腕骨頭)	위팔뼈머리	Head of humerus
대결절(大結節)	큰결절 / 큰불룩이	Greater tubercle
소결절(小結節)	작은결절 / 작은불룩이	Lesser tubercle
삼각근조면(三角筋粗面)	세모근거친면 / 세모불룩이	Deltoid tubercle
영양공(榮養孔)	영양구멍 / 핏구멍	Nutrient foramen
상완골체(上腕骨體)	위팔뼈몸통	Body of humerus
상완골소두(上腕骨小頭)	위팔뼈작은머리 / 갓도래	Capitulum of humerus
상완골활차(上腕骨滑車)	위팔뼈도르래	Trochlea of humerus
주두와(肘頭窩)	팔꿈치오목 / 위팔뼈맞굼	Olecranon fossa
내측상과(內側上顆)	안쪽위관절융기 / 안불룩이	Medial epicondyle
외측상과(外側上顆)	가쪽위관절융기 / 갓불룩이	Lateral epicondyle

53도 척골과 요골

한자용어	한글용어	영문용어
척골(尺骨)	뒤팔뼈 / 자뼈	Ulna
주두(?頭)	팔꿈치머리 / 부리숫기	Olecranon
구상돌기(鉤狀突起)	갈고리돌기 / 머리숫기	Coronoid process
요골절흔(橈骨切痕)	앞팔쪽패임 / 노패임	Radial notch
영양공(榮養孔)	영양구멍	Nutrient foramen
척골체(尺骨體)	뒤팔뼈몸통	Body of ulna
척골두(尺骨頭)	뒤팔뼈머리	Head of radius
척골경상돌기(尺骨莖狀突起)	뒤팔뼈붓돌기 / 끝숫기	Styloid process of ulna
요골(橈骨)	앞팔뼈 / 노뼈	Radius
요골두(橈骨頭)	앞팔뼈머리	Head of radius
요골조면(橈骨粗面)	앞팔뼈거친면 / 힘살자리	Radial tuberosity
요골체(橈骨體)	앞팔뼈몸통	Body of radius
요골경상돌기(橈骨莖狀突起)	앞팔뼈붓돌기 / 끝숫기	Styloid process of radius

54~56도 수골, 수근골, 중수골

한자용어	한글용어	영문용어
수골(手骨)	손뼈	Bone of hand
대능형골(大菱形骨)	큰마름뼈 / 마름모뼈	Trapezium
소능형골(小菱形骨)	작은마름뼈 / 버선뼈	Trapezoid
유두골(乳頭骨)	알머리뼈 / 탕건뼈	Capitate bone
유구골(有鉤骨)	갈고리뼈 / 콩뼈맞자리	Hamate bone
주상골(舟狀骨)	손배뼈 / 배모양뼈	Scaphoid bone
월상골(月狀骨)	반달뼈	Lunate bone
삼각골(三角骨)	세모뼈	Triquetral bone
두상골(豆狀骨)	콩알뼈 / 콩뼈	Pisiform bone
중수골(中手骨)	손허리뼈 / 손등뼈	Metacarpal bones
기절골(基節骨)	첫마디뼈 / 첫째마디	Proximal phalanges
중절골(中節骨)	중간마디뼈 / 둘째마디	Middle phalanges
말절골(末節骨)	끝마디뼈 / 셋째마디	Distal phalanges

57 · 58도 관골

한자용어	한글용어	영문용어
관골(寬骨)	볼기뼈 / 엉덩뼈	Hipbone
장골(腸骨)	받침뼈	Iliac bone
장골릉(腸骨稜)	받침뼈능선 / 받침뼈윗둔덕	Iliac crest
상전장골극(上前腸骨棘)	위앞받침뼈가시 / 받침뼈앞둔덕	Anterior superior iliac spine
하전장골극(下前腸骨棘)	아래앞받침뼈가시 / 받침뼈앞밑숫기	Anterior inferior iliac spine
상후장골극(上後腸骨棘)	위뒤받침뼈가시 / 받침뼈뒤둔덕	Posterior superior iliac spine
하후장골극(下後腸骨棘)	아래뒤받침뼈가시 / 받침뼈뒤밑숫기	Posterior inferior iliac spine

좌골(坐骨)	앉음뼈	Ischium
좌골극(坐骨棘)	앉음뼈가시 / 앉음뼈솟기	Ischial spine
좌골지(坐骨枝)	앉음뼈가지	Ramus of ischium
좌골결절(坐骨結節)	앉음뼈결절	Ischial tuberosity
대좌골절흔(大坐骨切痕)	큰앉음뼈패임 / 앉음뼈큰활홈	Greater sciatic notch
소좌골절흔(小坐骨切痕)	작은앉음뼈패임 / 앉음뼈작은활홈	Lesser sciatic notch
치골(恥骨)	감춤뼈	Pubic bone
치골상지(恥骨上枝)	감춤뼈윗가지	Superior ramus of pubic bone
치골결합면(恥骨結合面)	감춤뼈결합면 / 감춤뼈이음새	Symphyseal surface
치골결절(恥骨結節)	감춤뼈결절	Pubic tubercle
관골구(寬骨臼)	절구 / 엉덩뼈굼	Acetabulum
폐쇄공(閉鎖孔)	폐쇄구멍 / 엉덩뼈구멍	Obturator foramen
Y자 연골(Y字 軟骨)	Y자 모양 물렁뼈	Y cartilage

59도 대퇴골

한자용어	한글용어	영문용어
대퇴골(大腿骨)	허벅지뼈 / 넙다리뼈	Femur
대퇴골두(大腿骨頭)	허벅지뼈머리	Head of femur
대퇴골경(大腿骨頸)	허벅지뼈목	Neck of femur
대전자(大轉子)	큰돌기 / 윗둔덕	Greater trochanter
소전자(小轉子)	작은돌기 / 앞둔덕	Lesser trochanter
영양공(榮養孔)	영양구멍	Nutrient foramen
대퇴골체(大腿骨體)	허벅지뼈몸통	Body of femur
대퇴골조선(大腿骨粗線)	거친선 / 아래힘살마루	Linea aspera
내측과(內側顆)	안쪽관절융기 / 안불룩이	Medial condyle
외측과(外側顆)	가쪽관절융기 / 갓불룩이	Lateral condyle
과간와(顆間窩)	융기사이오목 / 도르래굼	Intercondylar fossa
슬개면(膝蓋面)	무릎뼈관절면	Patellar surface

60도 슬개골

한자용어	한글용어	영문용어
슬개골(膝蓋骨)	무릎뼈	Patella
슬개골첨(膝蓋骨尖)	무릎뼈꼭지 / 무릎뼈밑점	Apex of patella
관절면(關節面)	관절면 / 무릎뼈맞자리	Articular surface

61도 경골과 비골

한자용어	한글용어	영문용어
경골(脛骨)	정강뼈	Tibia
비골(腓骨)	종아리뼈	Fibula
관절면(關節面)	관절면	Articular surface

한자용어	한글용어	영문용어
내측과(內側顆)	안쪽관절융기 / 안도르래	Medial condyle
외측과(外側顆)	가쪽관절융기 / 갓도르래	Lateral condyle
전연(前緣)	앞모서리	Anterior border
골간연(骨間緣)	뼈사이모서리	Interosseous border
내과(內踝)	안쪽복사 / 안불룩이	Medial mallelous
외과(外踝)	가쪽복사 / 갓불룩이	Lateral mallelous

62~64도 족골, 족근골, 중족골

한자용어	한글용어	영문용어
족골(足骨)	발뼈	Bone of foot
종골(踵骨)	발꿈치뼈 / 뒤축뼈	Calcaneal
거골(距骨)	목말뼈 / 앞축뼈	Talus
입방골(立方骨)	입방뼈 / 메주뼈	Cuboid bone
주상골(舟狀骨)	발배뼈 / 배모양뼈	Navicular bone
제1설상골(第1楔狀骨)	안쪽쐐기뼈 / 쐐기뼈	Medial cuneiform bone
제2설상골(第2楔狀骨)	중간쐐기뼈 / 주사위뼈	Intermediate cuneiform bone
제3설상골(第3楔狀骨)	가쪽쐐기뼈 / 목침뼈	Lateral cuneiform bone
중족골(中足骨)	발허리뼈 / 발등뼈	Metatarsal bones
기절골(基節骨)	첫마디뼈 / 첫째마디	Proximal phalanges
중절골(中節骨)	중간마디뼈 / 둘째마디	Middle phalanges
말절골(末節骨)	끝마디뼈 / 셋째마디	Distal phalanges

66도 인간의 치아

한자용어	한글용어	영문용어
중절치(中切齒)	안쪽앞니	Central incisor
측절치(側切齒)	가쪽앞니	Lateral incisor
견치(犬齒)	송곳니	Canine
소구치(小臼齒)	작은어금니	Premolar
대구치(大臼齒)	큰어금니	Molar

67도 치아의 구조

한자용어	한글용어	영문용어
에나멜질(에나멜質)	사기질	Enamel
상아질(象牙質)	상아질	Dentin
시멘트질(시멘트質)	시멘트질 / 석회질	Cement
치수강(齒髓腔)	치수공간	Pulp cavity
치조골(齒槽骨)	이틀뼈	Alveolar bone
치육(齒肉)	잇몸	Gingive
신경(神經)	신경	Nerve
혈관(血管)	핏줄	Blood vessel

한자용어	한글용어	영문용어
근심(近心)	근심	Mesial
원심(遠心)	원심	Distal
설측(舌側)	혀쪽	Lingual
협측(頰側)	볼쪽	Buccal
순측(脣側)	입술쪽	Labial
교합면(咬合面)	씹는 면	Morsal / Occlusal

※ 인골용어 비교표의 작성에는 다음의 문헌을 참고하였다.

손보기, 1988, 『한국 구석기학연구의 길잡이』, 연세대학교출판부.

김병수 감수, 1991, 『圖解韓英 醫學用語辭典』, 一中社.

박선주, 1994, 『체질인류학』, 민음사.

김진정 · 김재봉 · 김봉선, 1996, 『골학실습』, 계축문화사.

윌리엄 바스(황영일 역), 2000, 『사람의 뼈대-실습과 현장을 위한 매뉴얼』, 아르케.

Tim D. White, 2000, 『Human Osteology』, Academic Press.

로헨 · 요코치(최월봉 역), 2001, 『칼라 人體解剖圖』, 高文社.

찾아보기